# 丸林さんちの

# 家具づくり DIYレシピ

# はじめに

20代半ばから始めた『セルフビルドの家づくり』。それは、今も終わることなく、家具とともにつくり続けています。

つくる仕事と農家の仕事。家づくりを始めた20代の頃からその生活は、ほぼ変わっていません。相変わらず暮らしのために、豊かになるためにいつも何かをつくっています。それは世にいう金銭的な豊かさではなく、生活を楽しむための豊かさ。

私たちのものづくりは流行に関係なく、年を重ねて変化することもほとんどありません。自分たちにとっておしゃれで快適な空間と使いやすい家具が欲しいという思いがあるだけです。

DIYの良さは「好きなデザインで、好きなサイズにつくれること」。要するに、自分が本当に欲しいものが手に入るのです。

私たちのつくる家具は、大抵スギやマツ、SPFツーバイ材などホームセンターに並んでいる安価な木材を使っています。構想に何年もかけ、製作に数か月を要するような大きな物を製作することは、あまりありません。生活に必要なものを思いついたときにすぐつくります。

今では工具も少し増えましたが、私が使う電動工具といえば、ほぼサンダーとドライバードリルだけ。それほど多くの道具を使わなくても、大抵のものはできます。おそらくみなさんが想像するより、私はずっと気軽にDIYしています。

簡単なものから始めて、少しずつ大物に取り組んでいってください。

この本を通して少しでもつくる暮らしを楽しいと感じていただき、生活の中に「家具をつくる楽しさ」を取り入れていただけたら幸いです。

丸林佐和子

ついに「丸林さんち」シリーズが6冊目を出版することになりました。ご協力いただいた関係者のみなさま、誠にありがとうございました。

さて、今回の内容ですが、『ログハウスマガジン』（地球丸）で連載していたものにいくつか新作を追加し、一冊にまとめたものになります。連載当時は佐和子さんが中心になって作品を製作し、私は本業が忙しかったためにときどき参加するといった関わり方でした。

書籍化にあたっては3点の新作をつくりましたので、チャレンジしていただければ幸いです（踏み台、アイアンフレームラック、タブレットスタンド）。

「丸林さんち」と言えばヴィンテージデザインがメインテーマとなっていますが、今回もそのスタイルは踏襲しつつ、ちょっとしたひと手間で、長く愛着が持てるような家具や小物をつくれる一冊に仕上がったと思います。

ヴィンテージにこだわる必要はありません。ご自身のインテリアに合わせた色合いや形を思い描きながらゆっくりと構想を練っていただければと思います。

石川聡（丸林聡）

**profile**

**石川　聡（丸林　聡）**

多摩美術大学卒業後、㈱手塚プロダクションでアニメーターとして勤務。その後、デザイナーに転身。現在はインターネットサービス会社でアートやボイス収録ディレクション、シナリオディレクション等、幅広く手掛ける。休日のみ木工家＆ハウス・ガーデンビルダー。

**丸林佐和子**

多摩美術大学卒、ベネッセ「こどもちゃれんじ」造形あそび監修、教育テレビ図工番組「キミなら何つくる？」造形スタッフ、ライフスタイル誌、こども雑誌などで幅広く活躍中。工作本も多数出版。全国でこども工作のワークショップ展開中。

QUIET

（本書の利用にあたって）

○作品の材料費は目安です。接着剤や塗料など繰り返し使えるものは含みません。
○時間は初心者が作業した場合の目安です。接着剤や塗料の乾燥時間は含みません。
○各作品のつくり方は必要なパーツを切り出したあとからの紹介です。そのため、本書の工程でメジャーやノコギリ、丸ノコなどを使用しない場合も必要な道具に記してあります。
○材料のサイズは（厚さ×幅×長さ）を表しています。
○材料は形がよくわかるようにするため、写真には必要数が写っていない場合があります。

# 丸林さんちの DIYを楽しむ心得

## ✓ とりあえずつくってみる

暮らしの中で必要なものがあれば、あまり深く考えずにとりあえずつくり始めてみる。
きちんとしたものができなくても、それを面白がる。
(次はもっとうまくいきます)

## ✓ アバウトに楽しむ

隙間があっても、寸法が多少ずれても気にしない。神経質にならない。完璧は求めない。
(アンティーク風に仕上げるとアバウトでも許されます)

## ✓ 自由に楽しむ

面白いアイデアはどんどん取り入れる。
材料も木材ばかりじゃなく、鉄やガラス、廃材などいろいろ使ってみる。
(ネットや本の情報を真似するのもいいけど)

## ✓ 失敗しながら学ぶ

何でも最初はうまくいきません。
失敗したらそのやり方がダメだったということがわかるので、次は違う方法を試せます。
(寸法を間違って切ってしまった木材も別の作品に使えます)

## ✓ 見た目にはちょっとこだわる

塗装やデザインを工夫して見た目をよくする努力は惜しまない。
カッコよくできればずっと使いたくなるし、愛着もわきます。
(誰かに褒めてもらえたら最高です)

Part 1

# 簡単、おしゃれな はじめての家具づくり

はじめてのDIYで挑戦したい簡単な踏み台や棚から、天板が開くユニークな机やパタパタ靴箱まで、独特の使い込まれた雰囲気が素敵なアンティークテイストの家具のつくり方を紹介します。

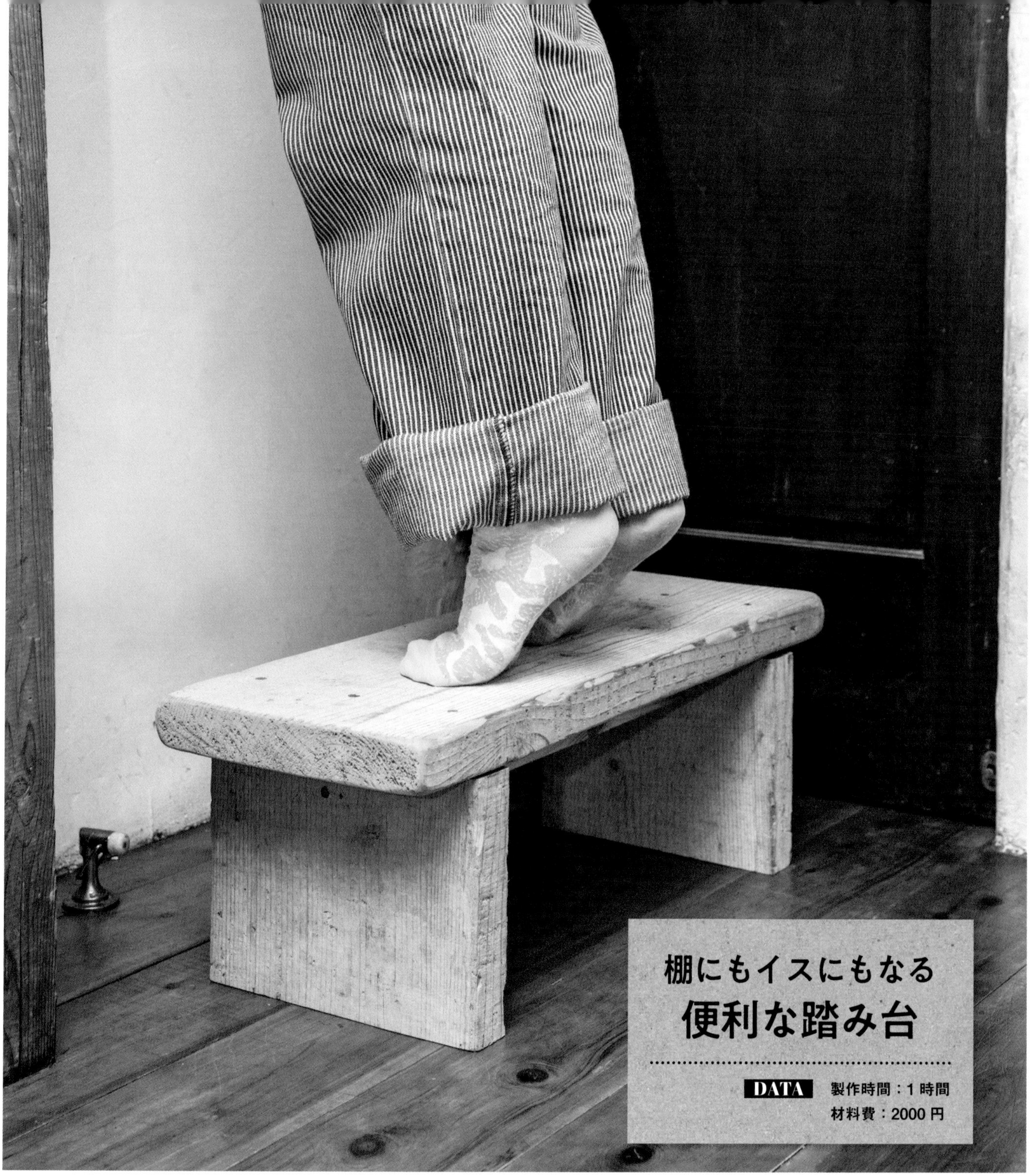

# 棚にもイスにもなる 便利な踏み台

**DATA** 製作時間：1 時間
材料費：2000 円

ノコギリやカナヅチを手にしたばかりの頃、こんな踏み台か、ベンチをつくったのを覚えています。釘を打とうとしたものの、下穴をあけていなかったので板が割れちゃったんですよね。ようやく完成したものもちょっと体重をかけるとゆがんじゃって、それは結局使いものになりませんでした。

そのとき家具や道具って簡単そうに見えても、ちゃんと強度や使い勝手を考えてつくられているんだなと実感しました。そういう意味でこの踏み台は、天板の下の補強材が肝になっています。

材料は古い足場板。実際に建築現場で使われていたもので、傷や汚れがいい味わいになっています。板厚が38㎜あるので安定感もばっちり。

高いところにあるものを取るときの踏み台として、子どものイスとして、ベンチとして、飾り台として、また同じものをいくつかつくれば重ねて棚としても使えます。

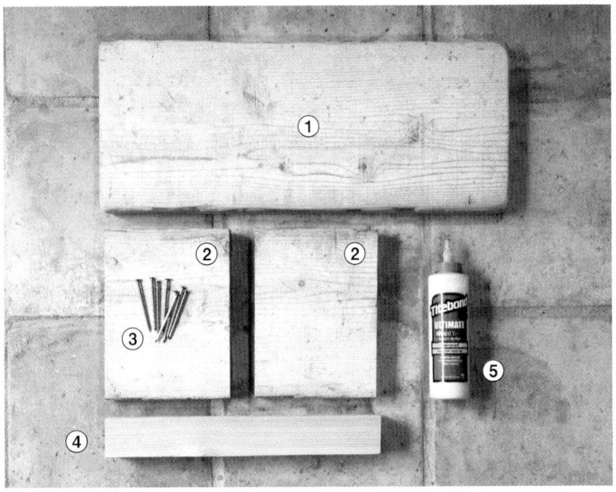


## 材料

① 天板　古材（38×240×600㎜）×1枚
② 脚　古材（38×240×180㎜）×2枚
③ 釘（75㎜）適宜
④ 補強材　スギ（45×55×400㎜）×1本
⑤ 木工用接着剤

## 道具

メジャー、サシガネ、ノコギリ、ハタガネ、カナヅチ、ドライバードリル、下穴ドリル、サンドペーパー（120番）、サンダー、ヘラ、ウエス

## 組立図

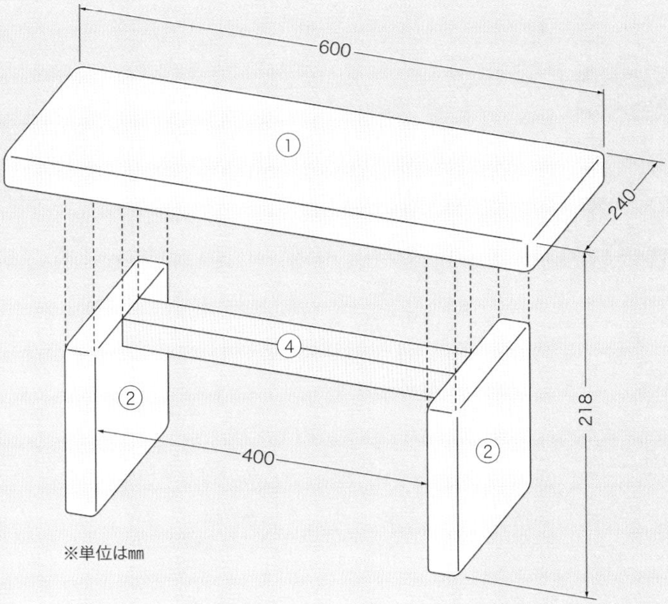


※単位は㎜

１枚の古材から切り出した天板と脚を木工用接着剤と釘でつなげたシンプルな構造。板厚が38㎜あるので、釘は95㎜以上が理想だが、75㎜でも強度は十分。ビスでつないでもよい。

## Vintage Point

### 補強材でぐらつきを解消

天板の裏側に角材を入れて補強。この１本の木材が入ることでグッと強度が上がり、ぐらつきが抑えられて安定する。逆に言うとこの補強がないと踏み台として役に立たない。

### 本物の古材の味わい

中古の足場板はホームセンターやインターネットで手に入る。木の表面は柔らかいところが削れて木目が浮き出している。切断面の角は、サンダーで削って丸くしている。

Step 1

# 踏み台を組み立てる

**Point**

古材は板自体がすり減っていたり、角が取れていたりして、正確な寸法がとりにくので補強材や脚の位置は見た目のバランスがよければある程度アバウトに組んでOK。板が反っていることも多いので、隙間ができてもあまり気にしない。

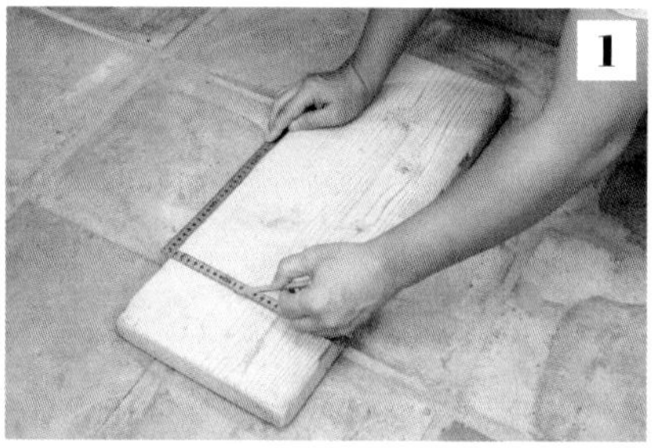


### 補強材の位置を記す

天板①の裏側にサシガネを当てて補強材④を取り付ける位置を記す。なるべく中心に来るようにする。

### 補強材を仮留めする

補強材④に木工用接着剤を塗って、ヘラなどで全体によく伸ばし、**1**で印を付けた位置に取り付ける。

### 下穴をあける

木工用接着剤が乾いたら補強材④の両端にドライバードリルで2か所ずつ下穴をあける。

### 補強材を釘で固定する

**3**で開けた下穴に釘を打って、天板①に補強材④を固定する。

### 脚を仮留めする

補強材④の木口と天板①に木工用接着剤を塗って左右の脚②を仮留めする。

### ハタガネで締める

木工用接着剤が乾くまで左右の脚②を2本のハタガネで挟んで圧着する。はみ出した接着剤は湿らせたウエスで拭き取る。

### 天板と脚を固定する

木工用接着剤が乾いたら天板①に下穴をあけ、釘で脚②を固定する。１本の脚につき３本の釘を打つ。釘の頭を最後までしっかり打ち込むこと。

### 脚と補強材を固定する

脚②の側面に下穴をあけ、釘で補強材④に固定する。最後に軽くサンダーをかけて切り口の角をおとし全体を整える。

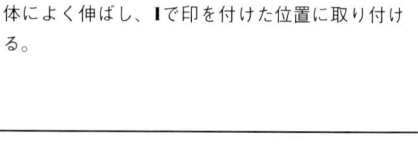

## 自在に高さを調整できる
# アイアンフレームラック

**DATA** 製作時間：1時間
材料費：2000円

DIYって自由なところがいいと思うんです。材料も、作り方も、大きさも、デザインも自分の好きにしていい。だから棚ひとつにしても、考え方や用途によって、いろいろなものができます。そういう意味でこの棚は、わが家ではちょっと新しいスタイルかもしれません。というのも、ほかのページで紹介している棚やテーブルは、ほとんど箱や枠を組み合わせるという考え方でできているんです。それに対してこの棚は、柱と板の組み合わせになっています。

加工は板に穴をあけるだけ。釘もビスも必要ありません。柱は寸切りボルトで、棚板は上下から六角ナットで締め付けて留めています。ナットを緩めればいつでも好きなように棚の高さを調整できるところも優れもの。

材料は8ページで紹介している踏み台で余った足場板を使っています。木材の規格って2mとか4mとかなので、小さな家具だと余るんです。余った材料は次の作品に使えるので取っておくといいですよ。

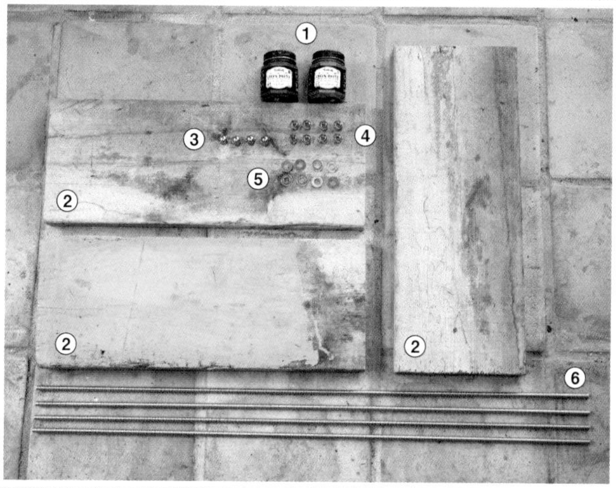

## 〈材料〉

① アイアンペイント（Turner's）（茶色、銅色）
② 棚板　古材（38×240×600㎜）×3枚
③ 袋ナット（M10）×8個
④ 六角ナット（M10）×24個
⑤ ワッシャー（M10）×24枚
⑥ 脚　寸切りボルト（M10×1000㎜）×4本

## 〈道具〉

メジャー、サシガネ、ノコギリ、ハタガネ、ドライバードリル、ドリルビット（11㎜）、スパナ、サンドペーパー（120番）、サンダー、ハケ、スポンジ

## 〈組立図〉

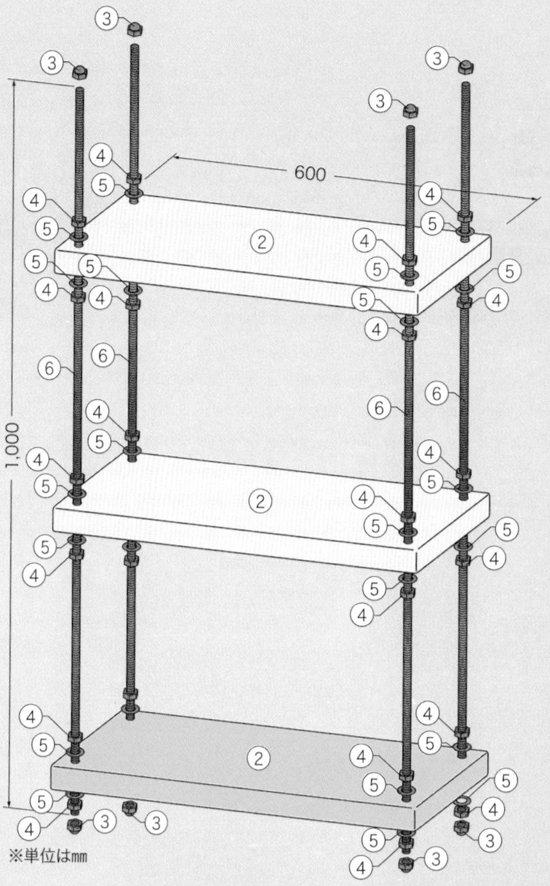


3枚の板の四隅に穴をあけて寸切りボルトを通し、板は上下からナットを締め付けて固定する。加工は板に穴をあけるだけ。

## Vintage Point

**塗装でさびた鉄の風合いに**

メッキがかけられたナットや寸切りボルトは、そのままだと安っぽく見えてしまうので、アイアンペイントでさびた鉄の風合いに。棚板の古材とも相まってジャンクな雰囲気が出る。

**高さ調整自由自在**

棚板は上下からナットで締め付けて固定しているだけなので、ナットの位置を変えれば簡単に高さを調整できる。用途に合わせて棚板を増やしたり、減らしたりすることも。

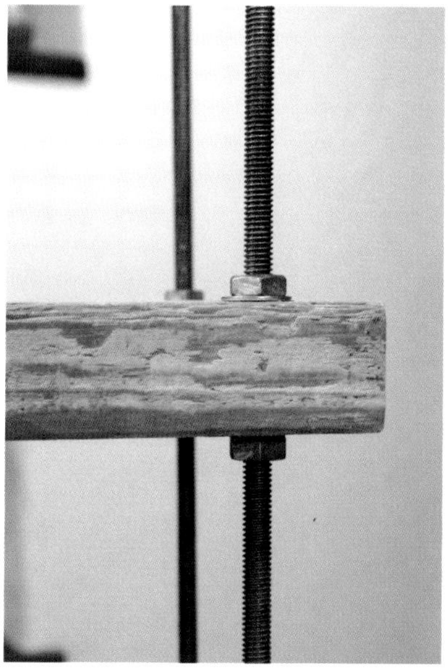

# Step 1

## ラックを組み立てる

**Point**

3枚の板の同じ位置にまっすぐ穴をあけること。穴がずれてしまうと寸切りボルトが通らない。穴は寸切りボルトの径（10㎜）より、1〜2㎜大きく開けておくと組み立てがスムーズ。ナットで締め付ければ安定する。

### 棚板に穴をあける

棚板②を3枚重ねてハタガネで動かないように固定し、４隅に脚を通す穴をあける。ドリルを垂直に保持することを意識する。

### 棚板を２枚にして貫通させる

ドリルが短いと3枚の板を貫通できないので1枚目の板を外して、2枚目に空いた穴に改めてドリルを入れて貫通させる。

### 脚を通す

4本の脚⑥にそれぞれひとつずつワッシャー⑤と六角ナット④を付けて、中段の棚板②に通す。

### ナットを取り付ける

中段の棚板②を挟み込むように、脚の反対側からもワッシャー⑤と六角ナット④をはめ、およその位置に棚板を仮留めする。

### 脚底に袋ナットを取り付ける

中段の棚板②と同じように下段の棚板②を取り付け、上下から六角ナット④で仮留めする。脚底には袋ナット③を付ける。

### 棚を固定する

中段と下段の棚板②を挟み込む六角ナット④をスパナできつく締めて固定する。棚板が斜めにならないように高さを揃えること。

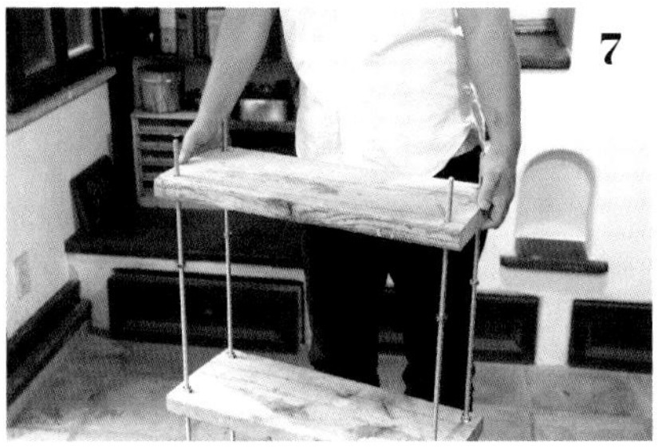


### 上段の棚を取り付ける

上段の棚板②を取り付けて、上下から六角ナット④で締める。脚⑥の上側には袋ナット③を付ける。棚板は切り口にサンダーをかけて角を落とす。

### 塗装する

脚⑥、六角ナット④、袋ナット③をアイアンペイントで塗装する。下地を茶色で塗り、その上からスポンジで叩くように銅色を重ねる。組み立て前に塗装すると六角ナットが回しにくくなるので注意。

Finish!

# 表紙を飾って楽しむ本棚

**DATA** 製作時間：3 時間
材料費：約 5000 円

表紙が素敵な本ってたくさんあるでしょ？それをただ棚に並べておくのではなく、インテリアとして見せたいと思ってつくったのがこの本棚です。

一見すると古い家具のようですが、材料はホームセンターならどこにでも並んでいるSPF１×６とスギ板。SPFの板は木肌が白っぽくて、そのままだとちょっと味気ないので、木目が生きる浸透性塗料（ステイン）で古びた雰囲気を出しました。塗装するときはただ刷毛でぺたぺた塗るのではなく、さっと色を載せたら浮いた塗料を素早く布でふき取って、板になじませると自然な感じに仕上がります。

また、サンダーやサンドペーパーで木材の角を軽く削って丸みを出してやるのも、アンティーク加工の基本。たったこれだけで新品の板が何十年も使い込んだような趣を見せてくれるんです。

本を飾るときは雑貨や植物などと一緒に並べると空間に余裕が生まれて見せたいものが一層輝きますよ。

## 材料

| | |
|---|---|
| ① | 丸棒（φ24×800㎜）×2本 |
| ② | 背板 スギ板（6×85×800㎜）×8枚 |
| ③ | 棚板 SPF1×6（19×140×660㎜）×3枚 |
| ④ | 側板 SPF1×6（19×140×800㎜）×2枚 |
| ⑤⑥ | 極細ビス（32㎜、20㎜）適宜 |
| ⑦ | 木工用接着剤 |
| ⑧ | ステイン |

## 道具

メジャー、サシガネ、ノコギリ、カナヅチ、ハタガネ、ドライバードリル、ドリルビット（24㎜）、サンドペーパー（60番）、サンダー、ハケ、ウエス

## 組立図

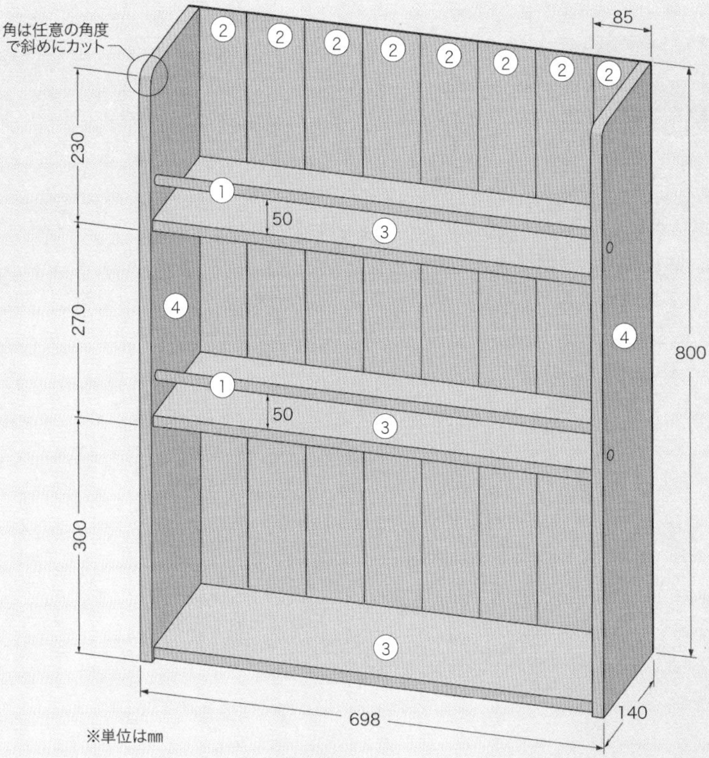


側板と棚板はSPF1×6。背板は厚さ6㎜、幅85㎜のスギ板。より一般的なサイズである厚さ12㎜、幅90㎜の野地板を使用してもよい。各材料は木工用接着剤で仮留めしてから、極細ビスで固定する。本を受ける丸棒は側板にドリルで穴をあけて通し、最後に全体を塗装して仕上げる。

## Vintage Point

### すき間をあけて板を並べる

背板には幅85㎜のスギ板を8枚使っているが、あえてすき間をあけて並べることで板の過不足をなくしている。設計では、背板の幅を決めてから棚板をそれに合わせる。

### 丸棒で四角い棚に表情を出す

四角い板を組み合わせた棚に丸棒を取り付けることで表情が加わり、本や雑貨を置いたときに落ち着きが出る。丸棒は側板に穴を開けて差し込んでいるだけなので、加工も簡単。

## Step 1

# 側板と棚板を固定する

**Point**

材料はビスで固定する前に木工用接着材で仮留めするとずれにくい。接着剤が乾くまでハタガネでしっかり締め付けておくこと。材の接合に使用する極細ビスはネジ頭が小さいので、塗装すると目立たない。

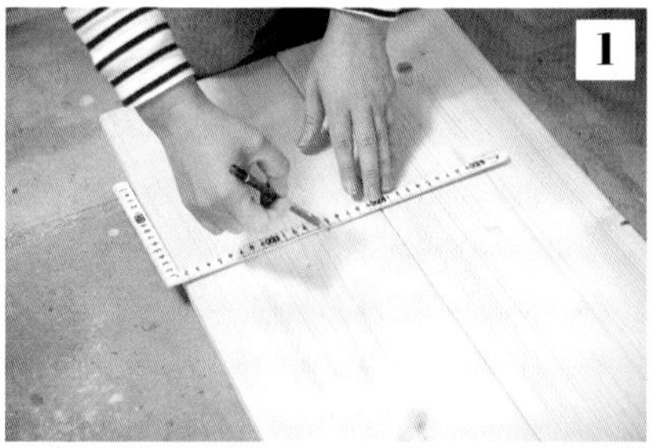


### 棚板の位置を記す

組立図を参考に側板④に上段と中段の棚板③を付ける位置を記す。2枚の側板の端をぴったりとそろえて並べ、棚板の来る位置にサシガネを当て線を引く。

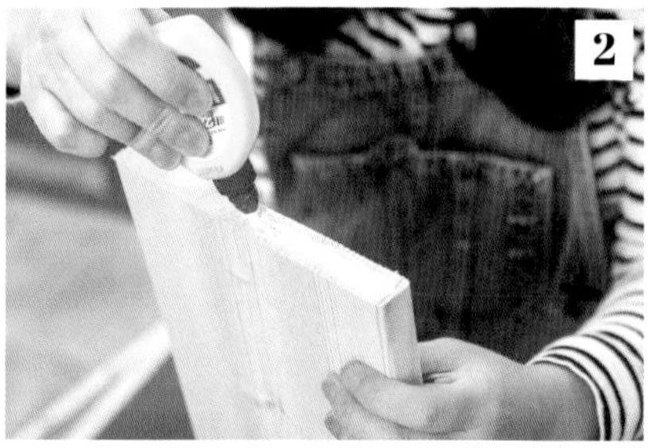


### 接着剤を塗る

棚板③と側板④を仮留めするため、3枚の棚板の木口に木工用接着剤を塗布する。

### 側板と棚板を仮留めする

**1**で側板④に記した位置に下段、中断、上段の順番で棚板③を合わせて仮留めする。

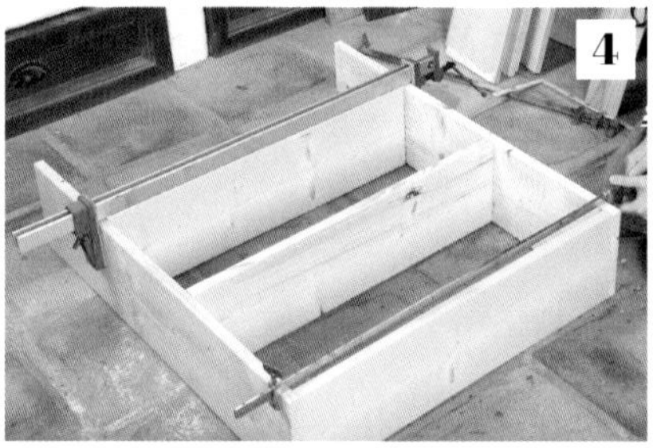


### ハタガネで締める

側板④と棚板③を合わせたらハタガネで締め付けて木工用接着剤が乾くまで動かさずに置いておく。

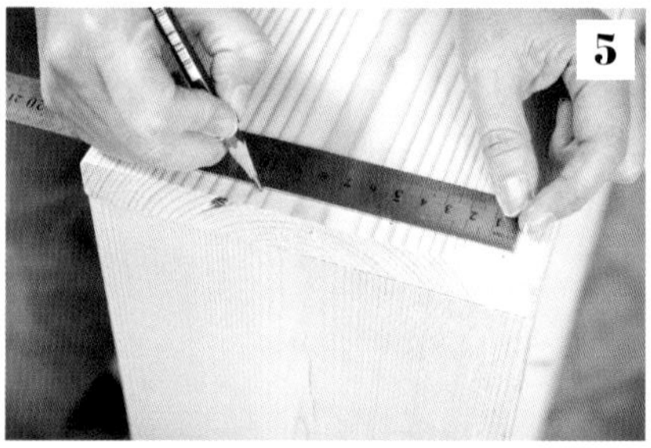


### ビスを打つ位置を記す

木工用接着剤が乾いたらハタガネを外し、側板④にサシガネを当ててビスを打つ位置を記す。ビスは棚板が当たる部分に4本ずつ打つ。

### 側板と棚板を固定する

**5**で記した位置に32㎜の極細ビス⑤を打ち、側板④と棚板③を固定する。ビスはネジ頭がめり込むようにしっかり打つ。

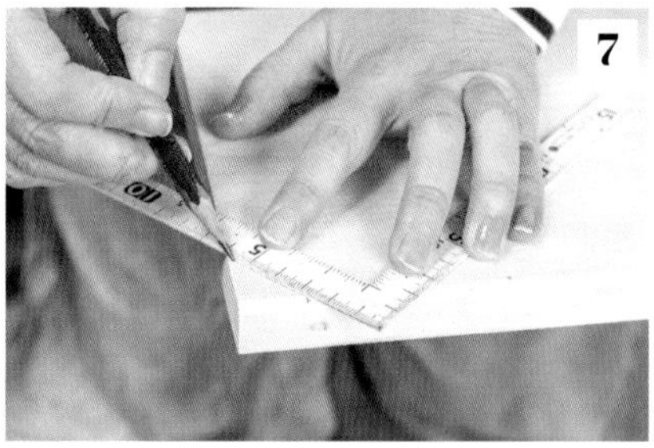


### 斜めの線を記す

側板④の前側上部を斜めにカットするため任意の角度で線を引く。角を落とすことで作品の雰囲気が優しくなる。

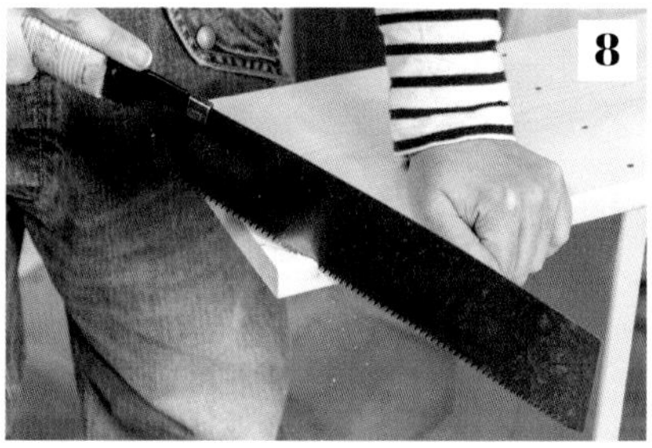


### 側板の角を斜めに切る

**7**の線をノコギリでカットする。ノコギリを真上から見て線からずれないように切る。

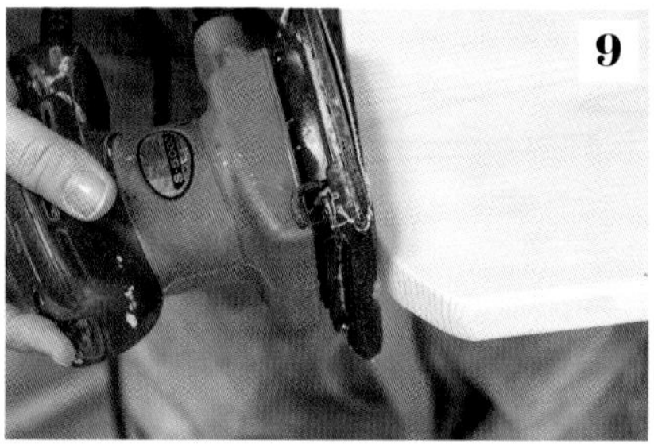


### 角にサンダーをかける

**8**でカットした部分にサンダー、またはサンドペーパーをかけて丸みを出すと安全。

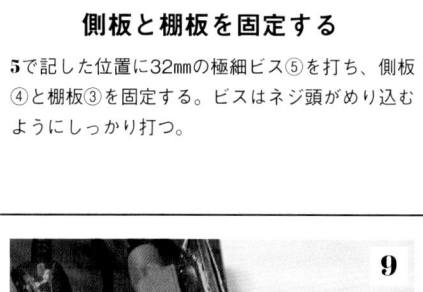

Step 2

# 背板を取り付けて塗装する

**Point**

背板はバランスよくすき間をあけて並べよう。丸棒を通す穴をあけるときはバリが出ないように表と裏から貫通させるのが、きれいに仕上げるコツ。棚が組み上がったら全体にサンダーをかけて面取りすると長年使い込んだ雰囲気が出る。

### 背板を並べる

棚板③と側板④の背面側に木工用接着剤を塗布して背板②を並べる。棚の幅は698mm、背板は85mm×8枚＝680mmなので適当にすき間をあける。

### すき間を調整する

すべての背板②を並べたら、改めて全体のバランスを見ながらすき間を調整する。その後、木工用接着剤が乾くまでそのまま置いておく。

### 背板にビスを打つ

背板②に20mmの極細ビス⑥を打って棚板③と固定する。背板1枚につき棚板の上段、中段、下段に当たる部分を各2か所ずつ計6本のビスで固定する。

### 丸棒の穴をあける

側板④に丸棒①を挿し込む穴をあける。一気に貫通させるとバリが出るので、ドリルの先端が板の裏から見えたら、一度ドリルを抜いて、改めて裏から穴を貫通させる。

### 丸棒を打ち込む

側板④にあけた穴に丸棒①を挿し込んで上からカナヅチで叩きこむ。ちょっときついくらいがよい。

### はみ出した部分を切る

側板④からはみ出した丸棒①をノコギリで切って揃える。切断後サンダーをかけて平らにする。

### 全体にサンダーをかける

棚が組み上がったら塗装の前に全体にサンダーをかけて、表面の研磨と角の面取りをする。塗装の下地調整も兼ねる。

### 塗装する

ステインで塗装する。刷毛で塗ったあと、ウエスでのばしながら拭き取る。素早く拭き取るのがムラを抑えて美しく仕上げるコツ。

Finish!

## すのこでつくる
# スタッキングボックスとディスプレイボード

**DATA** スタッキングボックス　製作時間：2～3時間
材料費：3500円

**DATA** ディスプレイボード　製作時間：1～2時間
材料費：1000円

私がDIYでよく使うパーツにすのこがあります。お風呂や押し入れの床に敷くあれです。平行に置いた2本の横木（桟）にビスで板を固定すれば簡単につくることができ、箱の底板や天板など面積が広い部分に一枚板の代わりとして使えるんです。板と板のすき間で寸法を自在に調整できるのも使い勝手のいいところ。一枚板に比べて軽くできるし、仕上がりも柔らかい印象になります。そんな便利なすのこを使って2つの家具をつくってみました。

ひとつは身の回りのちょっとしたものを収納するのに活躍するスタッキングボックス。同じサイズの箱を何個かつくれば重ねて使えます。すのこの桟が箱を重ねたときの引っ掛かりになるので安定感も抜群。ワークショップではこれに材料や道具を入れて、持ち運んだりしています。

もうひとつはディスプレイボード。すのこを縦に使うアイデアです。うちではお気に入りの本を置いていますが、写真や絵を飾るのもいいですね。

## ディスプレイボード

### 組立図

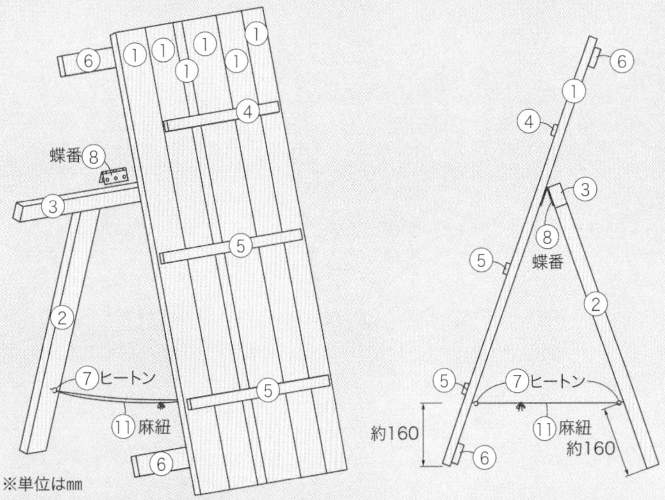


すのこでつくる前板に蝶番で開閉できるT字型の脚を付けただけ。木材はすべて端材。そのため寸法は参考とし、手に入る材料を上手に組み合わせればよい。端材は必ずしも幅が揃っている必要はない。樹種や幅の異なるいろいろな材が混じるとジャンク感が出る。

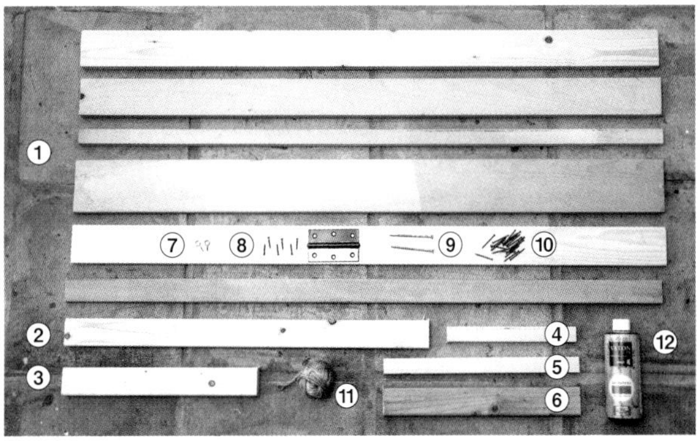

### 材料

① 前板　端材（厚さ19㎜、長さ1000㎜、幅は全体で350㎜程度になるように必要な枚数を揃える）
② 脚　端材（28×45×610㎜）×1枚
③ 脚の横木　端材（28×45×320㎜）×1枚
④ 棚板（上）　端材（10×25×220㎜）×1枚
⑤ 棚板（中・下）　端材（10×25×330㎜）×2枚
⑥ 桟 端材（15×45×330 ㎜）×2枚
⑦ ヒートン×2個
⑧ 蝶番×1個
⑨ スリムビス（75㎜）×2本
⑩ 極細ビス（28㎜）適宜
⑪ 麻紐
⑫ オイルステイン（ミディアムブラウン）

### 道具

メジャー、サシガネ、ノコギリ、ハタガネ、ドライバードリル、下穴ドリル、サンドペーパー（80番）、サンダー、ハケ、ウエス、ステンシルシート、ステンシルスポンジ

## スタッキングボックス

### 組立図

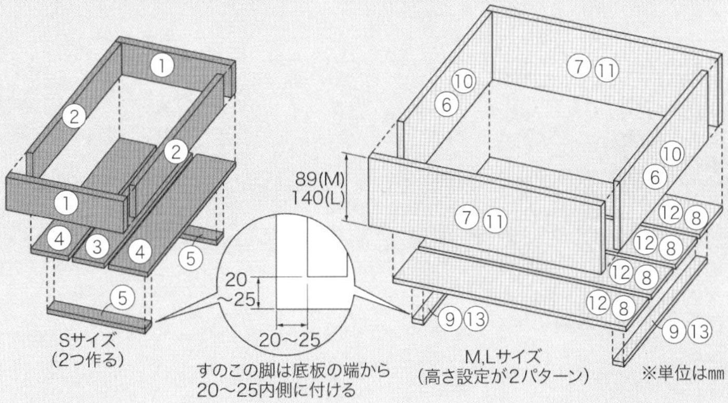


4枚の板を四角くつなぎ合わせた枠にすのこの底板を付けたシンプルな箱。枠とすのこの組み合わせで、ほかにもさまざまな作品がつくれます。このスタッキングボックスは幅や高さなど異なる箱を組み合わせて重ねられるのが面白いところ。

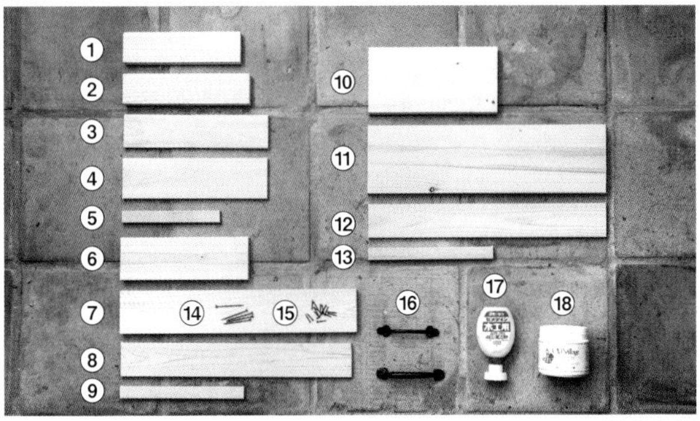

### 材料

**Sサイズの箱（2つ分）**

① 前板・先板　SPF1×3（19×63×250㎜）×4枚
② 側板　SPF1×3（19×63×270㎜）×4枚
③ 底板（中）　ヒノキ（10×70×308㎜）×2枚
④ 底板（左右）　ヒノキ（10×85×308㎜）×4枚
⑤ 桟　マツ（10×25×210㎜）×4枚

**Mサイズの箱**

⑥ 側板　SPF1×4（19×89×270㎜）×2枚
⑦ 前板・先板　SPF1×4（19×89×500㎜）×2枚
⑧ 底板　ヒノキ（10×70×500㎜）×4枚
⑨ 桟　マツ（10×25×260㎜）×2枚

**Lサイズの箱**

⑩ 側板　SPF1×6（19×140×270㎜）×2枚
⑪ 前板・先板　SPF1×6（19×140×500㎜）×2枚
⑫ 底板　ヒノキ（10×70×500㎜）×4枚
⑬ 桟　マツ（10×25×260㎜）×2枚
⑭ 極細ビス（40㎜）適宜
⑮ 極細ビス（20㎜）適宜
⑯ 取っ手（M、Lサイズに4個使用）
⑰ 木工用接着剤
⑱ バターミルクペイント（好きな色）

Step 1

# スタッキングボックスをつくる

**Point**

箱の組み立ては板の端と厚さ19㎜の木口を突き合わせてビスを打つため、普通のビスを使うと木割れしやすい。そこで極細ビスを使用。板の側面からビスが飛び出さないようにまっすぐ打つこと。箱は異なるサイズで3つつくるが、つくり方は同じ。ひとつひとつ色を変えて積み木のように楽しもう。

### 前板・先板と側板を仮留めする

側板②の木口に木工用接着剤を塗布し、前板・先板①を仮留めする。角にサシガネを当てて直角を確認し、ハタガネで締める。

### ビスで固定する

木工用接着剤が乾いたら、40㎜の極細ビス⑭で前板・先板①と側板②を固定する。ビスは各接合部に2本ずつ打つ。

### 底板を付ける

まず箱の側面に合わせて底板（左右）④を置き、次に底板（中）③をその真ん中に置く。各底板は木工用接着剤で仮留めしてから、40㎜の極細ビス⑭で固定する。写真はMサイズの箱。

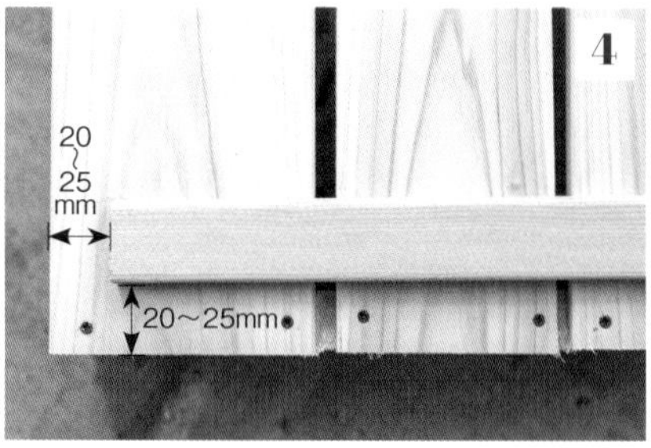


### 桟を取り付ける

組立図を参考に桟⑤は20㎜の極細ビス⑮で底板（中・左右）③④に固定する。

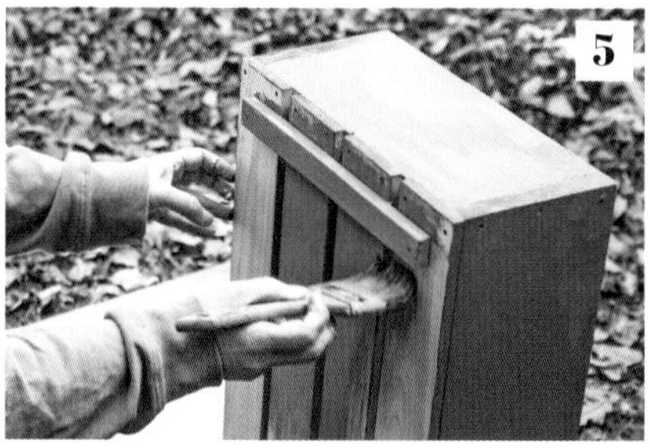


### 塗装する

M、Lサイズの箱を同じようにつくり、バターミルクペイントで塗装する。重ねたときを想像して多彩な色で仕上げよう。

### 塗装を削る

塗装が乾いたら全体にサンダーをかけて適当に塗装を落とす。面は力に強弱を付けて削ると自然な仕上がりに。

### ステンシル加工を施す

適当な場所にステンシルシートを置き、ステンシルスポンジにバターミルクペイントを含ませてポンポンと軽く叩いて色を付ける。

### 取っ手を付ける

M、Lサイズの箱の前板・先板⑦⑪に20㎜の極細ビス⑮で取っ手⑯を付けたら完成。箱ごとに取っ手のデザインを変えると変化が出る。

# ディスプレイボードをつくる

**Point**

前板に使う端材は長さを揃えてカットする。幅や木肌の色などを見てバランスよく並べよう。ここではオイルステインで木目を生かした仕上げにしているが、前板の色を一枚ずつ変えてパッチワーク風にするのも面白い。

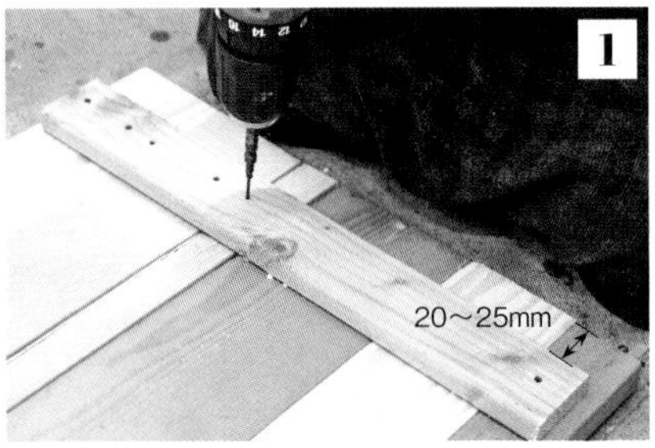


## 前板を桟でつなぐ

前板①は裏になる面を上にしてバランスよく並べ、上端と下端から20～25㎜の位置に桟⑥を木工用接着剤で仮留めしたあと、28㎜の極細ビス⑩で固定する。

## 棚板を仮留めする

前板①の任意の場所に棚板（上・中・下）④⑤を木工用接着材で仮留めする。今回棚板は端材を利用したため長さがばらばらだが、同じ長さでもよい。

## 棚板を固定する

木工用接着剤が乾いたら、前板①の裏から各棚板④⑤を28㎜の極細ビス⑩で固定する。棚板は前板を留める表側の桟の役割も兼ねている。

## 脚をつくる

脚②と脚の横木③をT字に組み合わせ、木工用接着剤で仮留めする。次に下穴ドリルで下穴をあけ、75㎜のスリムビス⑨2本で固定する。

## 前板に脚の位置を記す

前板①の裏に4でつくった脚を仮置きして、脚の横木の位置を前板に写し取る。

## 蝶番を付ける

蝶番⑧は脚を閉じたときに内側に来るように取り付ける。まず脚の横木③に取り付け、次に脚を少し持ち上げた状態で5の位置に固定する。

## オイルステインを塗る

オイルステインはハケで均一に伸ばしながら浸透させるように塗り、完全に乾く前に余計な塗料をウエスで拭き取りながらなじませる。

## 脚の開きを調整する

前板①と脚②の任意の位置に下穴を開けてヒートン⑦をはめ、脚の開き具合を調整しながら麻紐⑪を結ぶ。強度を求める場合はチェーンに。

Finish!

# キャスター付きハンガーラック

**DATA** 製作時間：3 ～ 4 時間
材料費：約 5000 円

冬場、外出して帰ってきたとき、脱いだ上着をサッとかけられる場所がなくて困っていたんです。いちいちクローゼットにしまうのが面倒で、ダイニングのイスにかけたままにしちゃうことが多くて。

キャスター付きのハンガーラックなら、冬場は玄関に置いて、あまり使わないほかの季節は移動してしまっておけます。ロングコートを掛けられるように背を高くしたんですが、４本の柱だけだと不安定なので貫を入れて補強しています。

天板にはキリの板をあしらいました。木材の中でも抜群に軽くて、昔から箪笥の材料としてよく使われています。木材って樹種によって、色や木目や木肌の質感が全然違います。通常ＤＩＹでは安価なＳＰＦやスギをメインに使うんですが、そこにちょっと違う木が混じると、それだけで印象が変わるんです。

底板は、短く切った板を並べてすのこにして、一枚板の天板とは雰囲気を変えました。すのこ方式は幅のある板の代わりとして結構使えるんです。

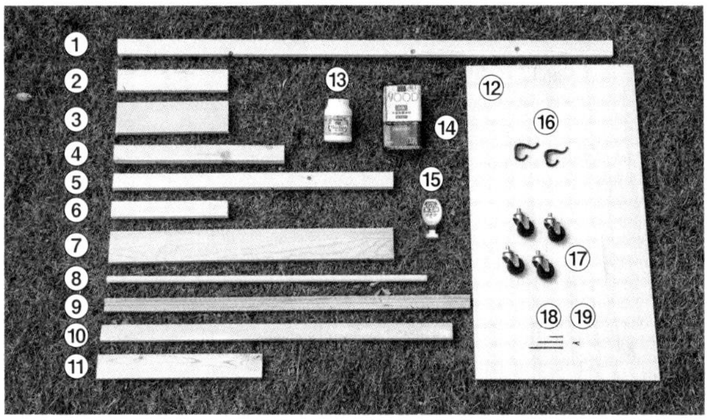


## 材料

① 脚　マツ（30×45×1490㎜）×4本
② 桟　マツ（20×64×330㎜）×5枚
③ 丸棒の受け　マツ（20×92×330㎜）×2枚
④ 脚桟　マツ（30×45×500㎜）×2本
⑤ 棚受け　マツ（30×45×820㎜）×4本
⑥ 棚受けの桟　マツ（30×45×330㎜）×4本
⑦ 貫　マツ（20×90×820㎜）×1枚
⑧ 丸棒（φ20×915㎜）×1本
⑨ モールディング（35×35×880㎜）×2本
⑩ モールディング下地　マツ（15×45×880㎜）×2枚
⑪ 棚板　マツ（20×65×455㎜）×12枚
⑫ 天板　キリ（13×500×910㎜）×1枚
⑬ バターミルクペイント（ミルキーホワイト）
⑭ オイルステイン（チーク）
⑮ 木工用接着剤
⑯ フック×2個
⑰ キャスター×4個
⑱ スリムビス（40㎜）適宜
⑲ スリムビス（90㎜）適宜

## 道具

メジャー、サシガネ、プロトラクター、ノコギリ、ハタガネ、カナヅチ、ドライバードリル、ドリルビット（11㎜、21㎜）、下穴ドリル、サンドペーパー（80番）、サンダー、ハケ、ウエス

## 組立図

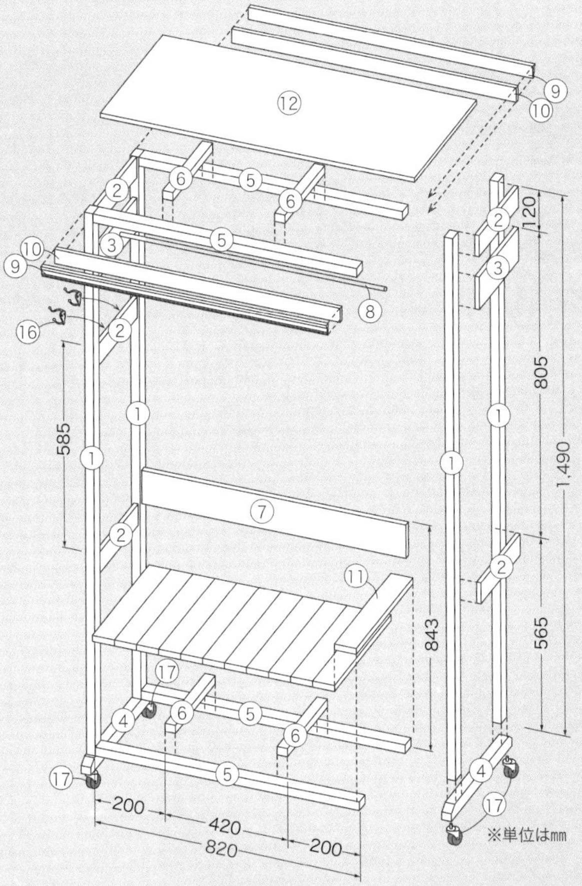


2本の脚と桟で組んだ2つの四角い枠を上下の棚受けでつなぎ、天板と棚板を載せただけ。真ん中に貫を入れることで、左右のゆがみを抑えている。この2つの枠を組み合わせる方法で34ページの子ども机や62ページのキッチンワゴンもつくれます。重いコートをたくさんかける場合など、用途によって、丸棒は太さを変えるとよい。

## Vintage Point

### アンティーク感を高めるモールディング

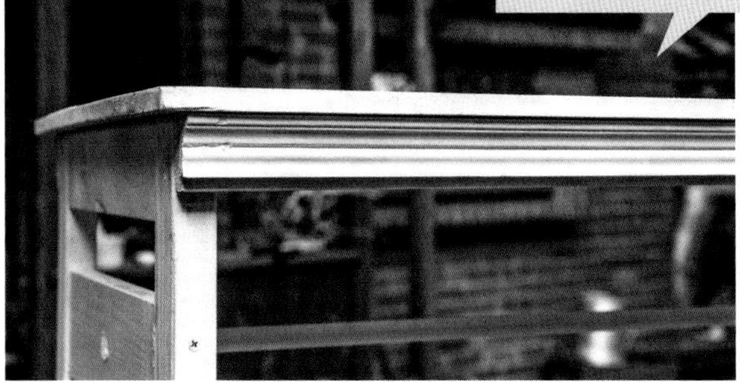

モールディングは天板とフレームのつなぎ目を隠すと同時に装飾的にも作品を引き立たせる。冬の服は暗い色になりがちなので、バターミルクペイントは明るい白をチョイス。

### フックはデザインのアクセントにも

小物や帽子などを掛けられるようにフックを付けた。黒いアンティークテイストのデザインがシンプルなハンガーラックのアクセントにもなっている。

## Step 1

# フレームを組み立てる

**Point**

各パーツの固定には90㎜の長いスリムビスを使う。木割れを防ぐために必ず下穴をあけて打つこと。丸林さんは扱いやすいドライバードリルを愛用しているが、75㎜以上の長いビスは打撃が加わるインパクトドライバーを使うとよりスムーズに打ち込める。

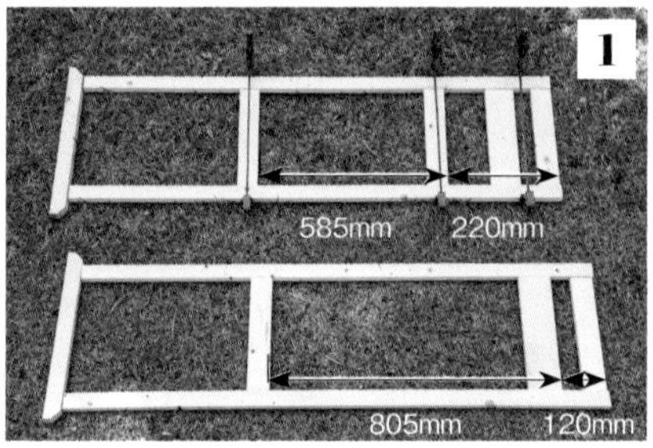


### 脚を仮留めする

組立図を参考に脚①、桟②、丸棒の受け③、脚桟④を木工用接着材で仮留めし、ハタガネで締める。脚桟は両端を任意の角度でカットして斜めにすると安全で見た目もよい。

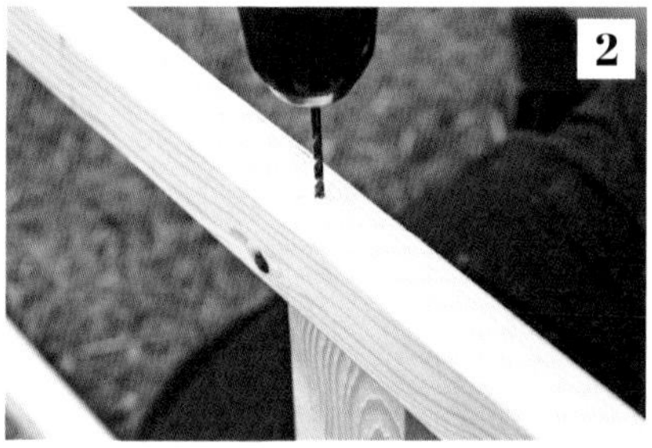


### ビスで固定する

木工用接着剤が乾いたらハタガネを外し、1で組んだ各パーツを40㎜のスリムビス⑱で固定する。木割れを防ぐため下穴をあけてから打つこと。

### 丸棒の穴をあける

2で組んだ丸棒の受け③の中心に21㎜のドリルで丸棒⑧を通す穴をあける。

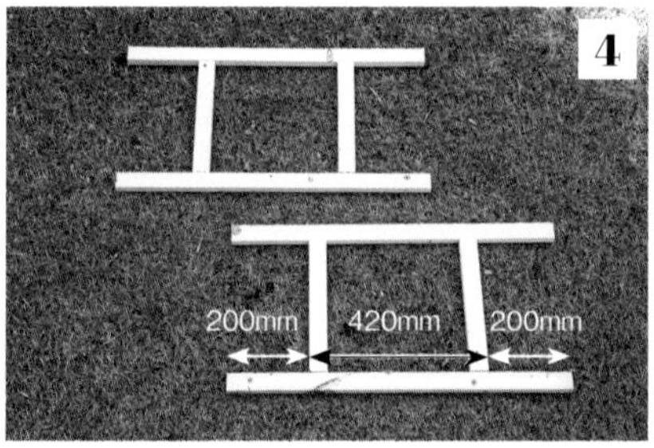


### 棚受けをつくる

組立図を参考に棚受け⑤と棚受けの桟⑥を木工用接着剤で仮留めしたあと、下穴をあけて90㎜のスリムビス⑲で固定する。

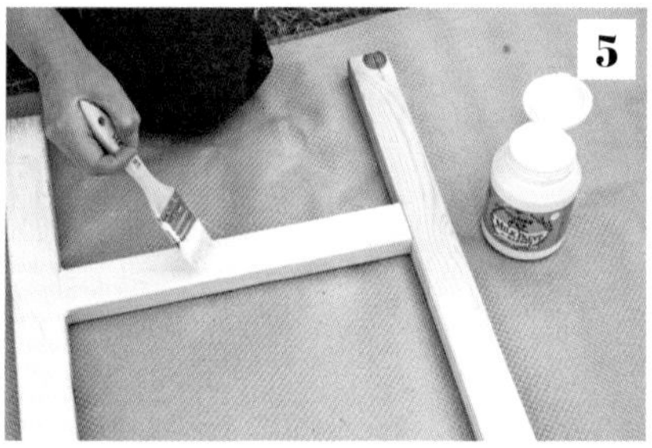


### 塗装する

2、4で組んだ枠と棚受け、およびこれから組み立てるパーツをバターミルクペイントで塗装する。全体を組み立てたあとに塗装してもよい。

### 下の棚受けを付ける

枠と下側の棚受けを90㎜のスリムビス⑲で固定する。ビスは各接合部に2か所ずつ、下穴をあけてから打つ。

### 丸棒を通す

丸棒の受け③に丸棒⑧を通す。捨て板を当ててカナヅチで叩き込む。キツイ場合、無理に丸棒を入れると割れてしまうので、丁寧に作業する。

### 上の棚受けを付ける

上の棚受けと枠を木工用接着剤で仮留めし、ハタガネで締める。さらに90㎜のスリムビス⑲で固定する。

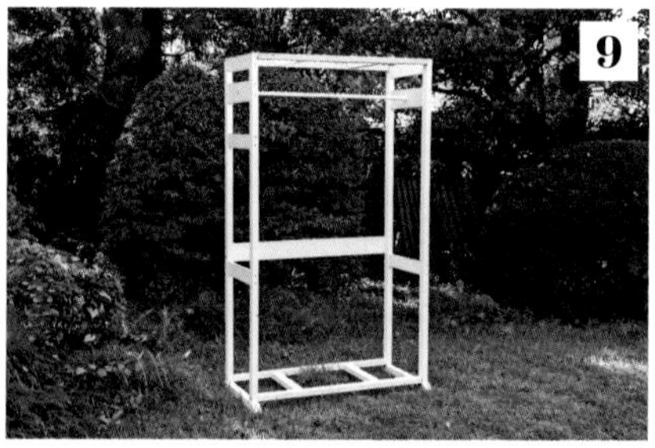


### 本体の完成

丸棒⑧ははみ出した部分をカットし、貫⑦を90㎜のスリムビス⑲で取り付ける。平らな場所に立ててガタツキがある場合は、立てた状態で桟や棚受けを付け直して調整する。

## Step 2

# 天板、底板の取り付けとサンディング加工

**Point**

塗装を削って使用感を出すサンディング加工は、実際に使い込まれた家具の塗装がどんな風に削れていくか想像してやるとに仕上がりがリアル。凹凸のある装飾部分やよく手を触れる場所などは集中的に削るとよい。

10

### モールディングの取り付け

モールディング⑨を、モールディングの下地⑩に木工用接着剤で仮留めする。それを40mmのスリムビス⑱でフレームの前後に取り付ける。

11

### 天板を取り付ける

上の棚受けに木工用接着剤を塗布し、天板⑫を載せる。天板は上から40mmのスリムビス⑱で固定する。

12

### 棚板を取り付ける

下の棚受けに木工用接着材を塗布して棚板⑪を並べ、40mmのスリムビス⑱で固定する。棚板はバランスよく収まるように適当にすき間をあけて並べる。

13

### 塗装を落とす

角の部分や実際によく手を振れる部分などにサンダーをかけて塗装を落とし、使い込まれた風合いを出す。

14

### ステインを塗りこむ

ウエスにオイルステインを含ませて塗装を落とした部分を中心に塗りこむ。あえてムラをつけて塗るのが自然に見せるコツ。

15

### キャスターのネジ穴をあける

脚桟④の両端から30mmの位置に、キャスター⑰のネジ穴を11mmのドリルであける。

Finish!

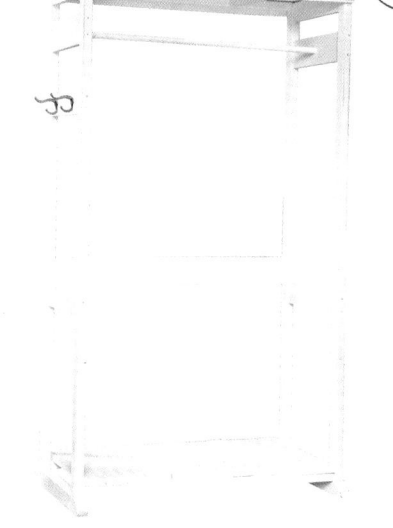

16

### キャスターを取り付ける

**15**であけた穴にキャスター⑰のネジを簡易的に差し込んで木工用接着剤で固定すると簡単。

17

### フックを付ける

本体側面の桟②にフック⑯を付属のビスで取り付けて完成。

## 整理しやすい
# 4連ファイルボックス

**DATA** 製作時間：3〜4時間
材料費：約5000円

書類やプリント、ノートなどをカテゴリーごとに分けて収納できる4連のファイルボックスです。一般的な樹脂製の長細いファイルボックスって不安定だし、書類をたくさん入れると膨らんで使いにくいでしょ。ここで紹介するファイルボックスは幅をもたせているので、机の上に置いても安定するし、木製なので形が崩れることもありません。書類がきれいに収納できると仕事のモチベーションも上がります。

前板にはモールディングを張って装飾。ホームセンターの額縁コーナーなどで手に入りますが、いろいろ種類があるので好みのデザインを選んでください。ただ額縁用のものは金や銀のキラキラしているものが多く、そのままではちょっと派手なので水性塗料を塗ったあと、ウエスで少し拭き取って塗装が剥げた感じにするとアンティーク感が出ます。

ファイルボックスって、つい100円ショップなどの安価なもので済ませがちですが、机周りのインテリアになるんだし、毎日目にするもの。カッコいいほうがいいですよね。

## 材料

① モールディング （1376㎜）×1本
（※568㎜×2本＋120㎜×2本）
② 仕切り板 シナ合板（4×260×300㎜）×3枚
③ 側板 シナ合板（4×270×300㎜）×2枚
④ 木工用接着剤
⑤ バターミルクペイント（黒と白の2色を使用）
⑥ 金属製ネームプレート ×4個
⑦ 丸釘 （13㎜）適宜
⑧ 底板 シナ合板（4×300×600㎜）×1枚
（※少し大きめに切り出しておき、組み立て時に現物合わせで正確な寸法を決める）
⑨ 前板 パイン集成材（14×120×568㎜）×1枚
⑩ 背板 パイン集成材（9×300×560㎜）×1枚

## 道具

メジャー、サシガネ、プロトラクター、ノコギリ、丸ノコ、ジグソー、丸ノコガイド、カッター、ハタガネ（※4本以上）、カナヅチ、ドライバードリル、トリマー、ハケ、ウエス、トレイ

## 組立図

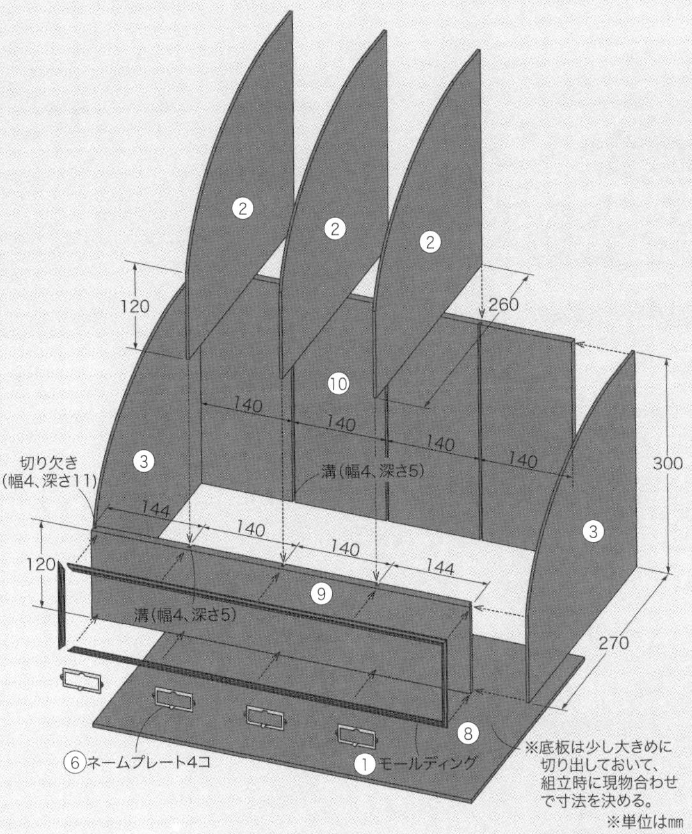


前板は左右の端を幅4㎜、深さ11㎜で刻みを入れて側板の木口が隠れるようにする。薄い仕切り板は、そのまま釘やビスで固定するのが難しいため、前板と背板に溝を切って収める。溝は丸ノコを2〜3回走らせて刻む。トリマーがあると簡単に加工できる。

## Vintage Point

### 立体的な装飾で陰影を作る

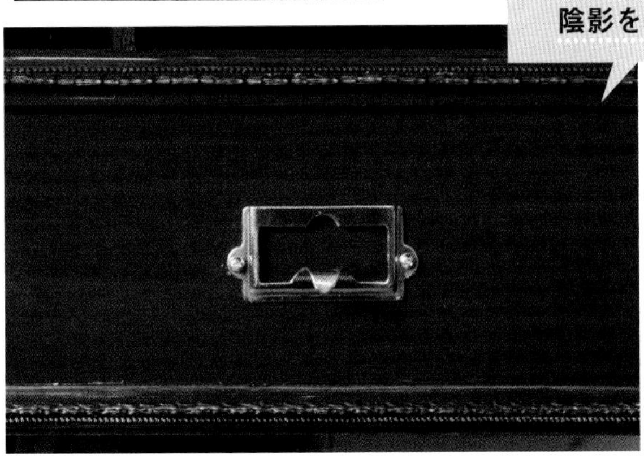

前板の縁にモールディングを取り付けて立体的に。塗装を拭き取って下地を見せると古びた雰囲気が醸し出される。金色のネームプレートもアンティーク感を高めるアイテム。

### 無味な合板を塗装で重厚に

背板や仕切り板には集成材や合板を使っている。無垢材のような自然な木目がないため、そのままだと味気ない。そこで濃い目の塗料で木の表情を隠し、重厚感を出した。

Step 1

# 材料の加工と仮留め

**Point**

仕切り板、側板の曲線はジグソーでカットする。線に沿ってゆっくりと刃を進め、ズレそうになったら少し戻して向きを調整するとよい。前板、背板には丸ノコの深さ調整機能を使って仕切り板をはめるための溝を刻む。捨て板で試し切りして深さを確認してから本番に臨もう。

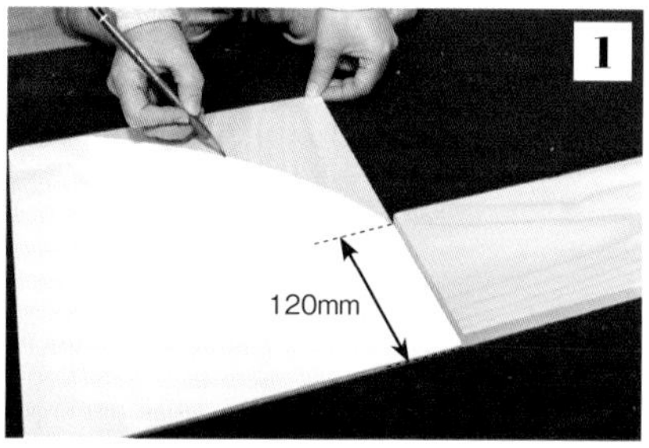


### 仕切り板のアールを描く

仕切り板②と側板③のアールは画用紙で型紙をつくって、それを写し取る。立ち上がりは前板⑨の高さ（120㎜）に合わせる。

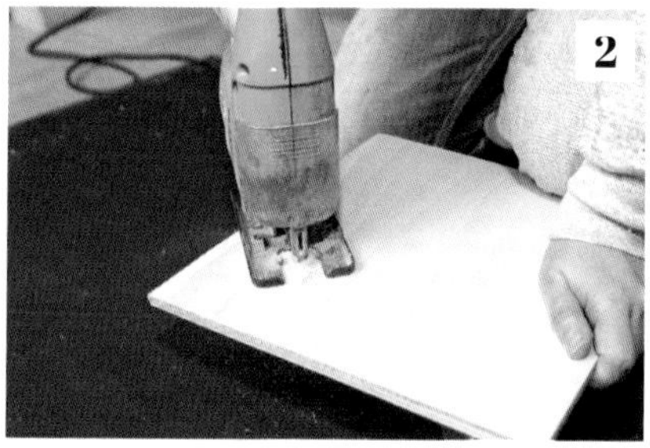


### アールをカットする

3枚の仕切り板②をぴったりと重ねて動かないように押さえ、1で描いたアールに沿ってジグソーで切断する。2枚の側板③も重ねて切る。

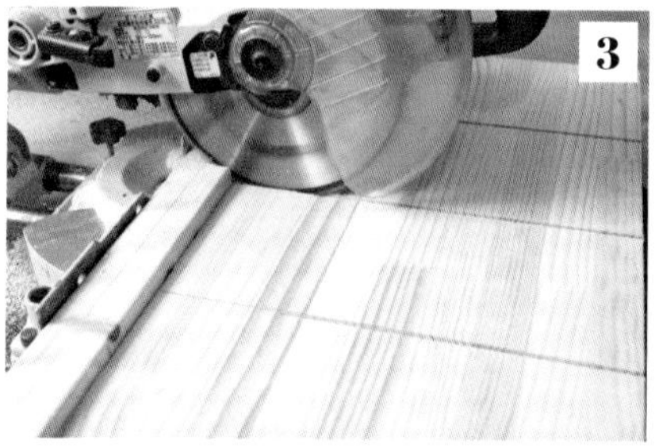


### 前板と背板に溝を刻む

組み立て図を参考に前板⑨と背板⑩に仕切り板をはめるための溝を幅4㎜、深さ5㎜で刻む。溝は丸ノコの深さを調整して刻む（写真はスライド丸ノコを使用）。

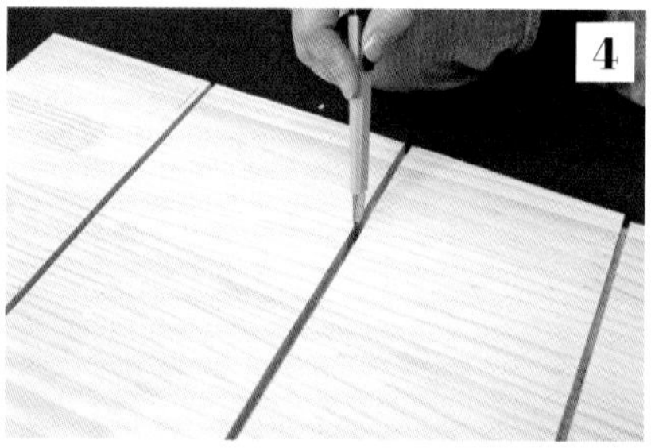


### 溝を整える

3で前板⑨と背板⑩に刻んだ溝をカッターできれいに整える。刻み残しや溝に残った木くずは取り除く。

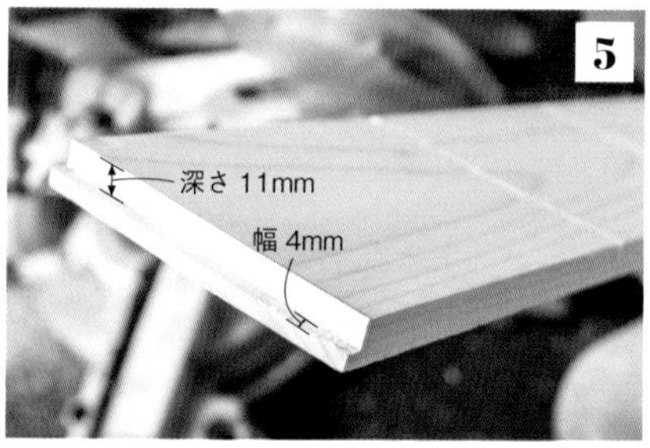


### 前板に切り欠きを入れる

側板③の木口を隠すため、丸ノコを使って前板⑨の両端に幅4㎜、深さ11㎜で切り欠きを入れる。

### 木工用接着剤を塗る

前板⑨と背板⑩の溝に仕切り板が収まるか確認し、溝が狭ければ刻み直す。その後、溝に木工用接着剤を塗布する。

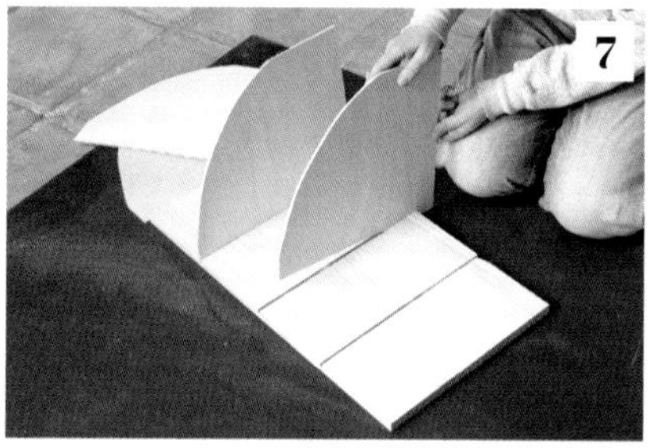


### 仕切り板をはめる

背板⑩に仕切り板②をはめる。次に背板の左右の木口に木工用接着剤を塗布して側板③を取り付ける。

### 前板を仮留めする

背板⑩に仮留めした仕切り板②と側板③に前板⑨の溝を合わせて取り付ける。前板の溝にはあらかじめ木工用接着剤を塗布しておく。

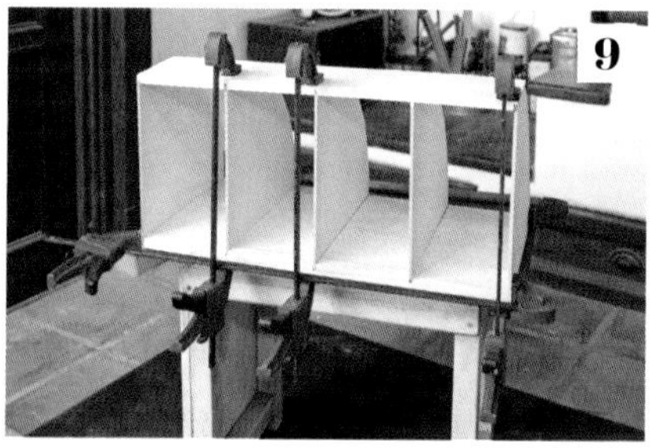


### ハタガネで締める

前板⑨と背板⑩をハタガネでしっかり挟み込んで仕切り板を溝にぴったり収める。側板も左右からハタガネで締めておく。

# Step 2

## 組み立て、塗装、装飾

**Point**

側板と底板は木工用接着剤で仮留めした後、丸釘で背板と前板に固定するが、釘を打つ面が狭いため、板の横から飛び出さないように気をつける。最後に取り付ける底板は、少し大きめに切り出しておき、組み立てたファイルボックスに現物合わせで寸法を決める。

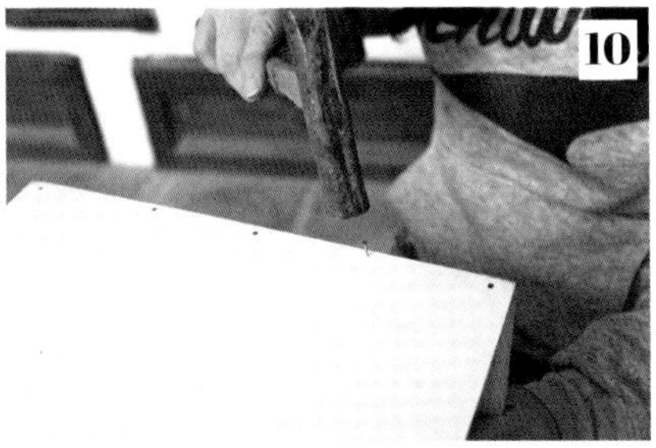


### 側板を釘で固定する

木工用接着剤が乾いたらハタガネを外して丸釘⑦で側板③を固定する。釘は前板⑨の左右に各3本、背板⑩の左右に各5本打つ。

### 底板の寸法を写し取る

底板⑧の上にファイルボックスを置き、現物合わせで寸法を写し取る。初心者の場合、最初に寸法を決めて底板を切り出してしまうと、合わないことがよくあるため。

### 底板を取り付ける

木工用接着材で底板⑧を仮留めし、接着剤が乾いたら丸釘⑦で固定する。

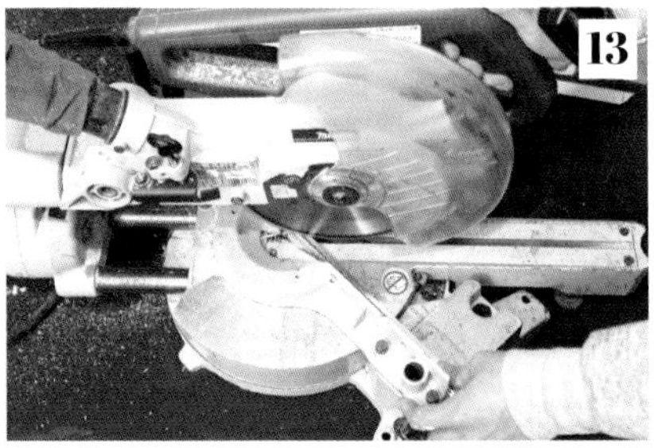


### モールディングを切り出す

モールディング①を長さ568㎜と120㎜で各2本切り出す。モールディングの両端は45度でカットする（写真はスライド丸ノコを使用）

### モールディングを取り付ける

13で切り出したモールディング①に木工用接着剤を塗布して前板⑨の縁に取り付ける。

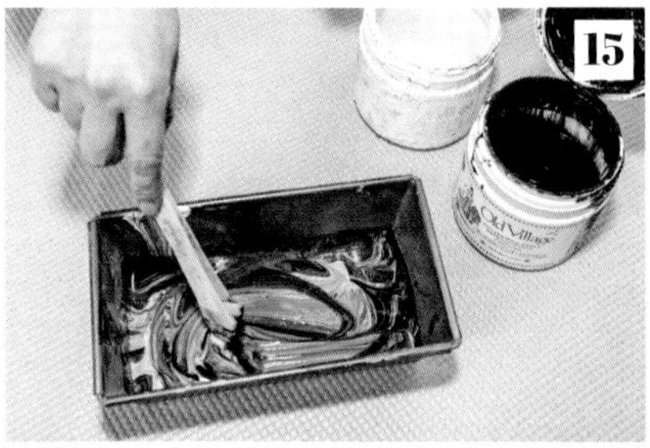


### 色をつくる

バターミルクペイントの白と黒を混ぜてオリジナルの濃いグレーをつくる。なくなると同じ色を再現できないので、多めにつくっておくこと。

### 塗装する

塗装は塗りにくい内側 → 外側の順番で塗る。塗料が完全に乾く前にモールディングの部分をウエスで軽く拭き取り、塗装が剥げた状態を表現する。

### ネームプレートを付ける

付属のネジで前板にネームプレート⑥を取り付ける。4枚のネームプレートが一直線になるように取り付けよう。

Finish!

# たためる ラダーシェルフ

**DATA** 製作時間：1日
材料費：約5000円

折りたたみ式の家具って使い勝手がいいんです。必要なときにサッと出せて、コンパクトになるので持ち運びもしやすいでしょ。

このラダーシェルフは、庭やベランダのプランターを冬の間部屋に取り込んで飾るためにつくりました。気温が下がると枯れちゃう草花が結構あるんですよ。

3段の棚なので場所を取らずにたくさんの植物を並べられるし、使わないときはたたんでしまっておけるのが便利です。雑貨や本を並べて飾り棚にするのもいいですね。

材料は2mの長さで販売されているSPF材。なるべく無駄が出ないように設計しました。幅、奥行き、高さはそれぞれ1m以内に収めています。これって私の中で使いやすいサイズで、わが家の家具は大抵これくらいの大きさなんです。

構造はとてもシンプル。前後の脚をボルトでつないで可動式にし、棚板は脚に渡した棚受けに置いてあるだけ。棚板を外せば、ボルトを軸にして脚が閉じるようになっています。

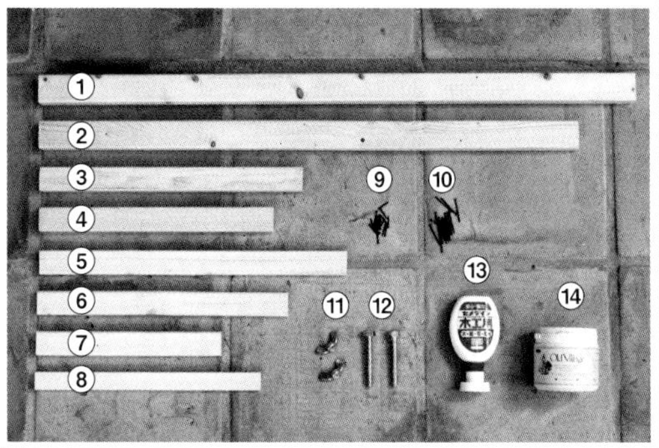


## 材料

| | |
|---|---|
| ① | 前脚 SPF（28×45×1000㎜）×2本 |
| ② | 後脚 SPF（28×45×900㎜）×2本 |
| ③ | 棚受け（前）SPF（24×38×446㎜）×3本 |
| ④ | 棚受け（後）SPF（24×38×390㎜）×3本 |
| ⑤ | 棚板（下段）SPF（15×38×500㎜）×10本 |
| ⑥ | 棚板（中段）SPF（15×38×400㎜）×10本 |
| ⑦ | 棚板（上段）SPF（15×38×300㎜）×10本 |
| ⑧ | 桟 SPF（12×28×365㎜）×6本 |
| ⑨⑩ | 極細ビス（24㎜、51㎜）適宜 |
| ⑪ | 蝶ナット（M12）×2個 |
| ⑫ | 六角ボルト（M12×80㎜）×2本 |
| ⑬ | 木工用接着剤 |
| ⑭ | バターミルクペイント |

## 道具

メジャー、サシガネ、プロトラクター、ノコギリ、ハタガネ、ドライバードリル、ドリルビット（13㎜）、サンドペーパー（80番）、サンダー、ハケ

## 組立図

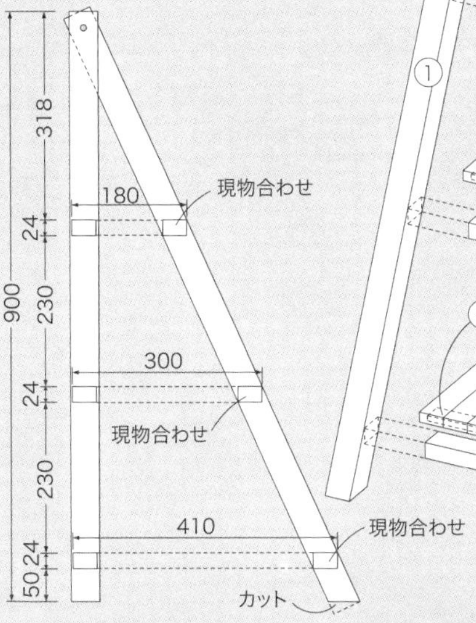


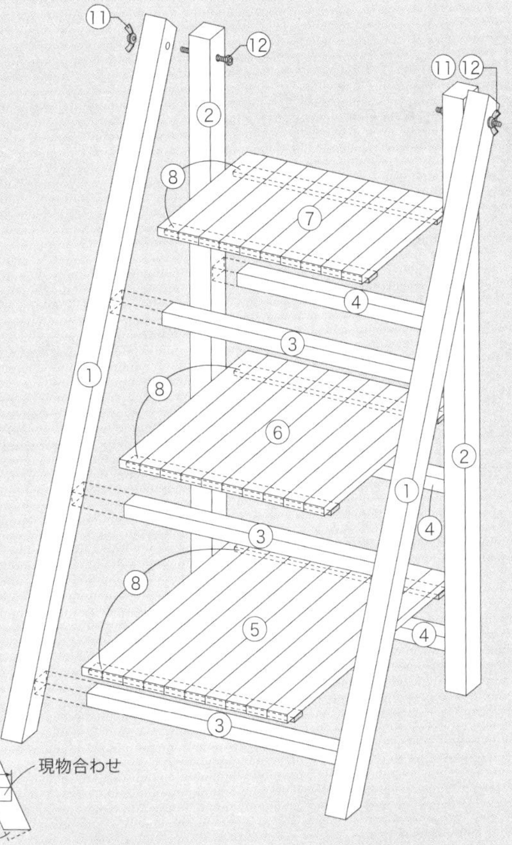


材料はすべてSPF。後ろ側の脚は垂直に立つが、前側の脚は斜めになるためぴったり床に着くように下側を22.5度の角度でカットする。棚板は断面15×38㎜の板を10本ずつ桟で固定し、棚受けに載せているだけ。

## Vintage Point

### 工具いらずの蝶ナット

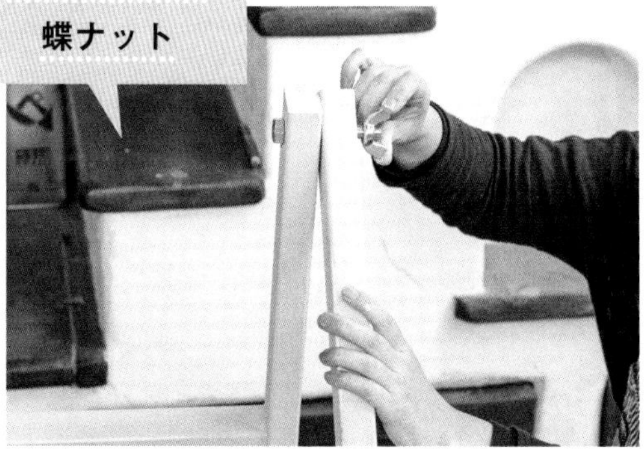

前後の脚をつなぐ蝶ナットは工具を使わずに手で締めたり、緩めたりできるナット。これにより脚を広げたり、たたんだりすることが容易にできる。取っ手の部分が翼のように広がっており、デザインもかわいい。

### たたんで持ち運べる

棚板を外すと脚が閉じてコンパクトになり、収納や持ち運びに便利。木製で軽いのもいいところ。棚板の桟は脚を広げたときの支えになっており、使用時の安定感も◎。

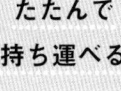

**Step 1**

# 脚の加工

**Point**

前脚の下側は床と平行になるようにカット。前側の棚受けも同じ角度で取り付ける。前脚と後脚を開いた状態で仮置きし、後ろ足の棚受けの位置を現物合わせで写し取るのが確実。

### 脚の底をカットする

プロトラクター（分度器）で前脚①の一方の端に22.5度の線を記し、ノコギリでカットする。

### 後脚に棚受けの位置を記す

後脚②の一方の端から50㎜のところにサシガネを当てて下段の棚受け（後）④を取り付ける位置を記す。組立図を参考に中段と上段の棚受け（後）が付く位置も記す。

### 前後の脚を合わせる

脚を組み立てた状態を想定して前後の脚①②を合わせる。適当な板を突き当てとして置き、脚の底面が一直線になるように揃えるとよい。

### 前脚に棚受けの位置を記す

前後の脚を合わせた状態で、**2**で後脚②に記した棚受けの取り付け位置を前脚①に写し取る。後脚にサシガネを当てて線を延長する。

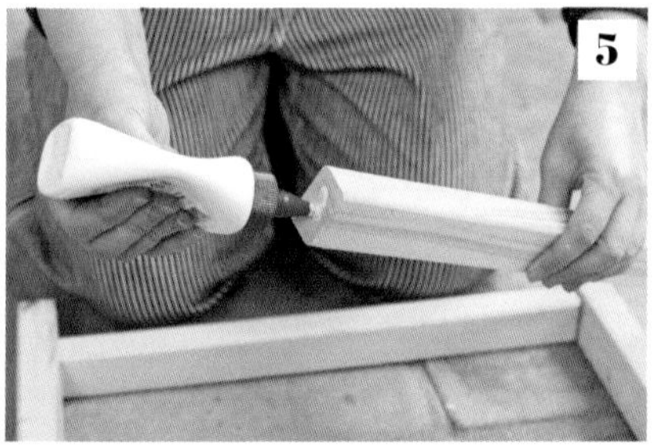


### 後脚に棚受けを取り付ける

棚受け（後）④の木口に木工用接着剤を塗布し、**2**で記した後脚②の取り付け位置に仮留めする。

### ハタガネで脚を締める

木工用接着材を塗布した棚受け（後）④を2本の後脚②の間に下段、中段、上段の順番で並べ、ハタガネでしっかりと締め付ける。

### 前脚に棚受けを仮留めする

**6**と同様に棚受け（前）③を前脚①に仮留めする。脚に対して棚受けが斜めになるので、ずれないようにハタガネで締め付ける。

### ビスの位置を記す

接着剤が乾いて前後の脚①②と棚受け③④が仮留めできたら、脚の側面にビスを打つ位置を記す。ビスは棚板1本につき左右2本ずつ打つ。

### ビスで棚受けを固定する

51㎜の極細ビス⑩で前後の棚受け③④を固定する。通常のビスに比べて極細ビスは木割れしにくいので、下穴をあけなくても大丈夫。

## Step 2

# 脚を組み立てて棚板を載せる

**Point**

棚板は10本の細いSPF材を並べて裏側から桟で固定する。すき間がないすのこのイメージ。ボルトを通す穴は、まず後ろ脚の穴をあけてから、次にその位置を現物合わせで前脚に写し取る。仕上げはバターミルクペイント。塗装後に軽く削って使用感を出す。

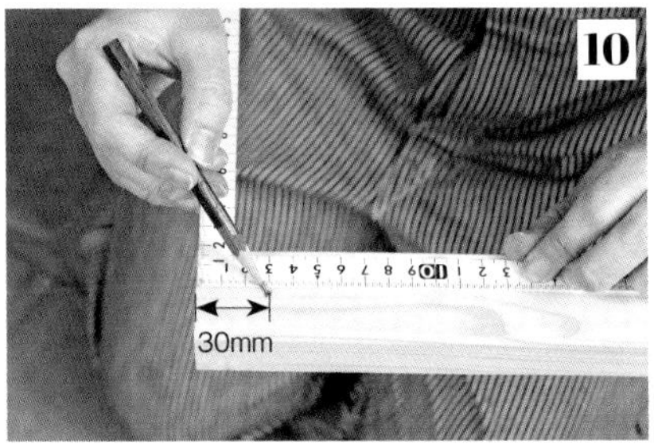


### ボルトの穴に印を付ける

後脚②の上側から30㎜の位置に六角ボルト⑫を通す穴をあける印を付ける。前脚①の穴は、後脚の穴をあけたあと、前後の脚を合わせて現物合わせで写し取る。

### ボルトの穴をあける

13㎜のドリルで後脚②に六角ボルト⑫を通す穴をあける。穴が曲がるとボルトが真っすぐ入らないので、横から見て垂直を確認しながら作業する。前脚①にも穴をあける。

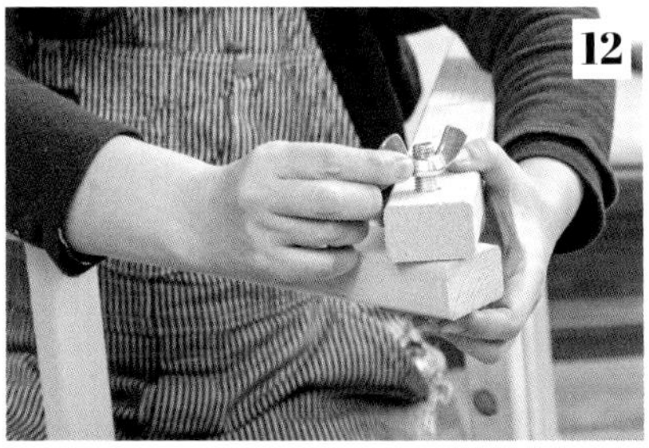


### 脚を蝶ナットで固定する

前後の脚①②を合わせて六角ボルト⑫を内側から通して蝶ナット⑪で固定し、前脚の底が床にぴったり着くように開きを調整する。

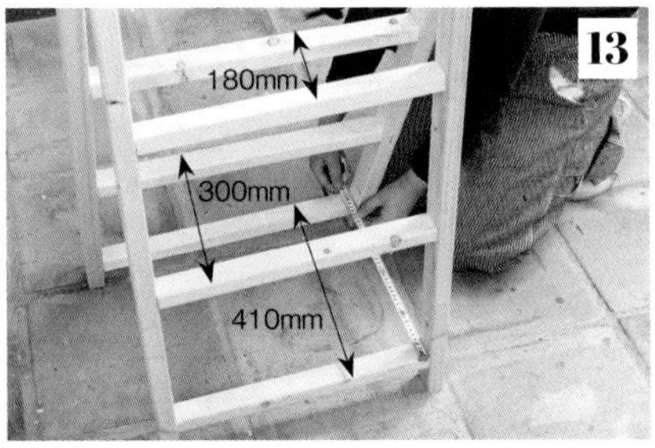


### 桟の寸法を決める

棚板の桟⑧を取り付ける位置を現物合わせで確認する。脚を立てた状態で前後の棚受けの外側から外側の寸法が桟の取り付け位置になる。

### 棚板を並べる

棚板（下段）⑤を隙間なく10本並べる。適当な材を突き当てにするとまっすぐ揃えやすい。

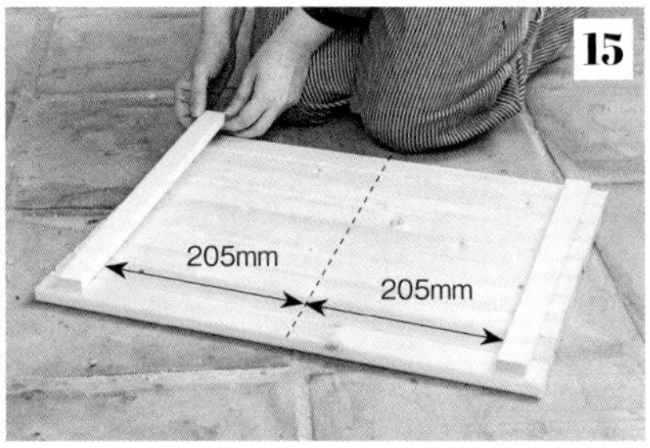


### 桟を仮留めする

棚板（下段）⑤を並べて桟の位置を記し、木工用接着剤を塗布した桟⑧を仮留めする。棚板（中段、上段）⑥⑦も同様にしてつくる。

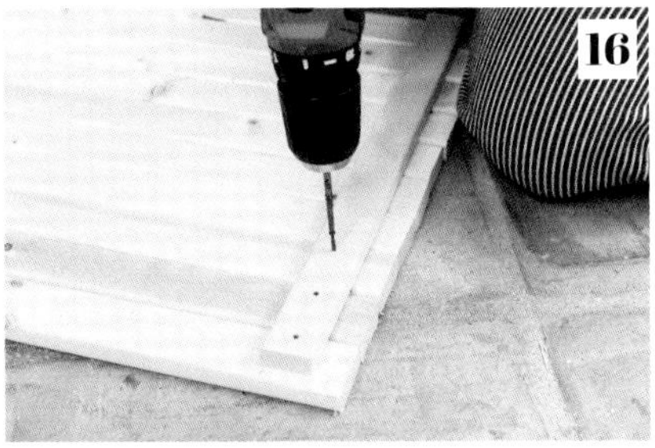


### 桟を固定し塗装する

木工用接着剤が乾いたら、24㎜の極細ビス⑨で桟⑧と棚板⑤⑥⑦を固定する。その後、脚と棚板をバターミルクペイントで塗装する。

### 脚に棚板を載せる

塗装が完全に乾いたら、サンドペーパーやサンダーでところどころ塗装を削り落とし、使用感を出す。広げた脚に棚板を置いたら完成。

# 天板が開く子ども机

**DATA** 製作時間：1日
材料費：7000円

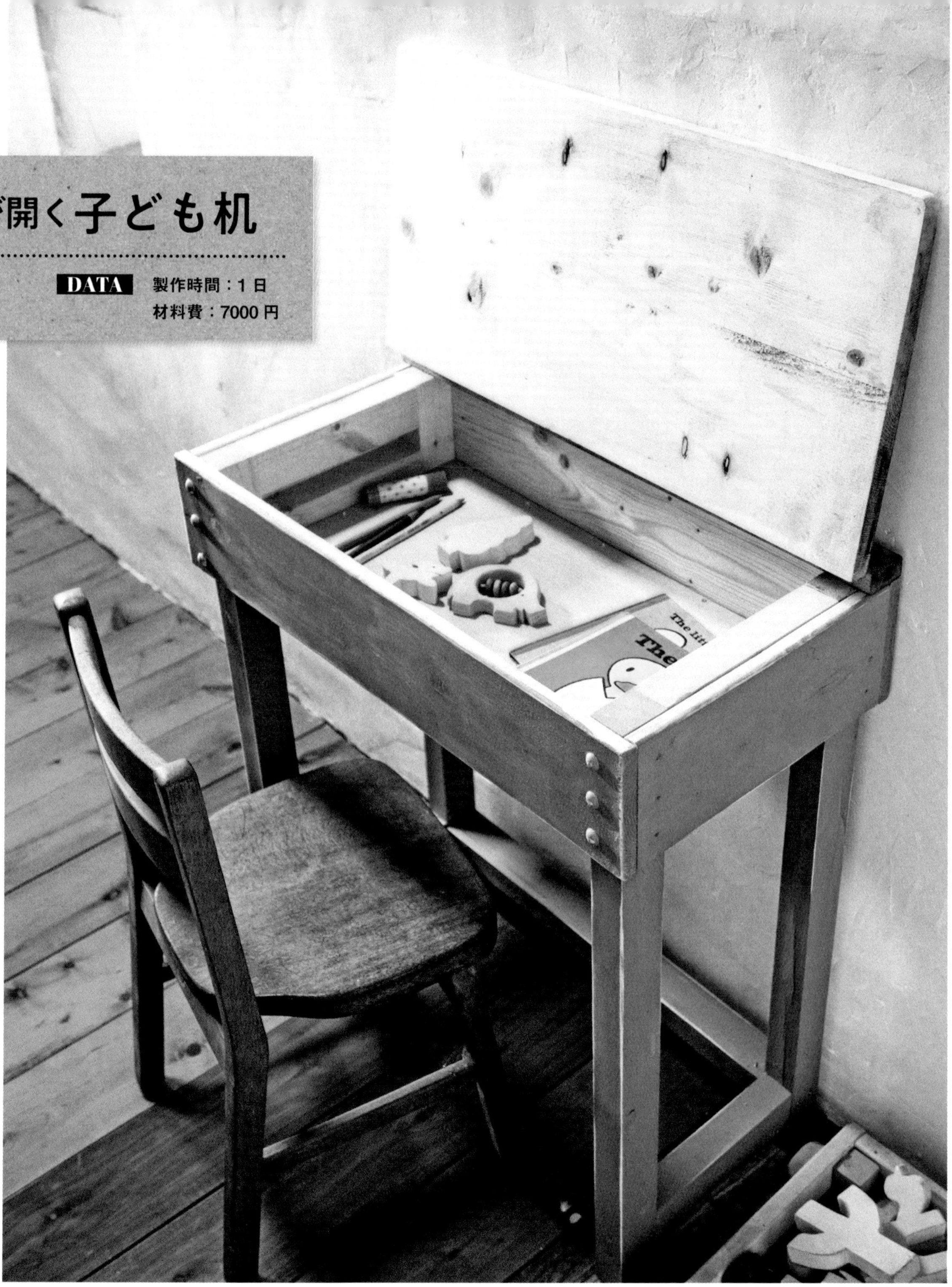

「子どもが使うものを手づくりで」という思いは、きっと多くのお父さん、お母さんが持っていると思います。私もそうでした。だから、子どもが小さかった頃は机やイス、おもちゃなどいろいろつくりましたし、ワークショップでも子どもの家具はとても人気が高いんです。

この机は天板が開いて、中にいろいろものが入れられるのが面白いところ。映画かテレビで見た外国の小学校の風景で、子どもたちがこんな机を使っていたんです。教室で天板をパタパタ開けたり、閉じたりしているのがとても楽しそうでした。子どもにとっては、自分の机があるだけでもうれしいものですが、その中にお気に入りのおもちゃや本などを隠しておければ、そこはもうちょっとした宝箱。

今回は子どもらしさを出すために、淡いブルーでペイントしました。塗料が乾いたらサンダーをかけて使い込んだ雰囲気を出します。実際に使い込んだとき塗装が剥げそうな場所を想像して削ると自然な感じに仕上がります。

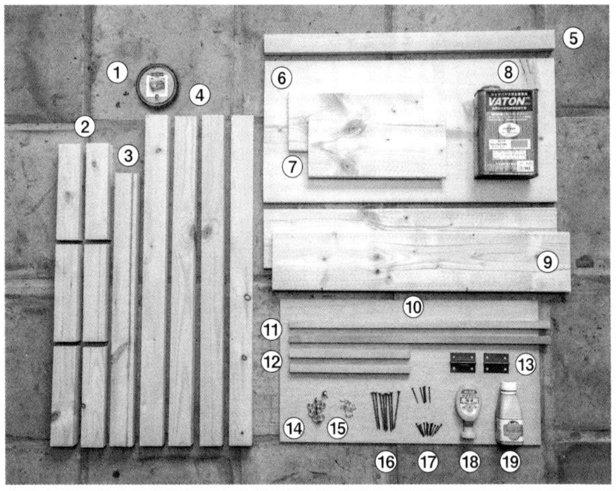


## 材料

① ワックス（ブラウン）
② 貫（妻手）パイン（35×45×190㎜）×6本
③ 貫（長手）パイン（35×45×500㎜）×1本
④ 脚 パイン（35×45×600㎜）×4本
⑤ 天板（固定部）　パイン（18×37×600㎜）×１枚
⑥ 天板（開口部）　パイン（18×285×600㎜）×１枚
⑦ 幕板（左右）　パイン（15×120×280㎜）×2枚
⑧ 水性ステイン（ブラウン）
⑨ 幕板（前後）　パイン（15×120×600㎜）×2枚
⑩ 底板　シナ合板（4.5×278×500㎜）×1枚
⑪ 底板の枠（長手）　アカマツ（15×15×500㎜）×2本
⑫ 底板の枠（妻手）　アカマツ（15×15×250㎜）×2本
⑬ 蝶番　2枚
⑭ 太鼓鋲（19㎜）×12個
⑮ 皿木ネジ（10㎜）適宜
⑯ スリムビス（75㎜）適宜
⑰ 極細ビス（25㎜、35㎜）適宜
⑱ 木工用接着剤
⑲ バターミルクペイント（ブルー）

## 組立図

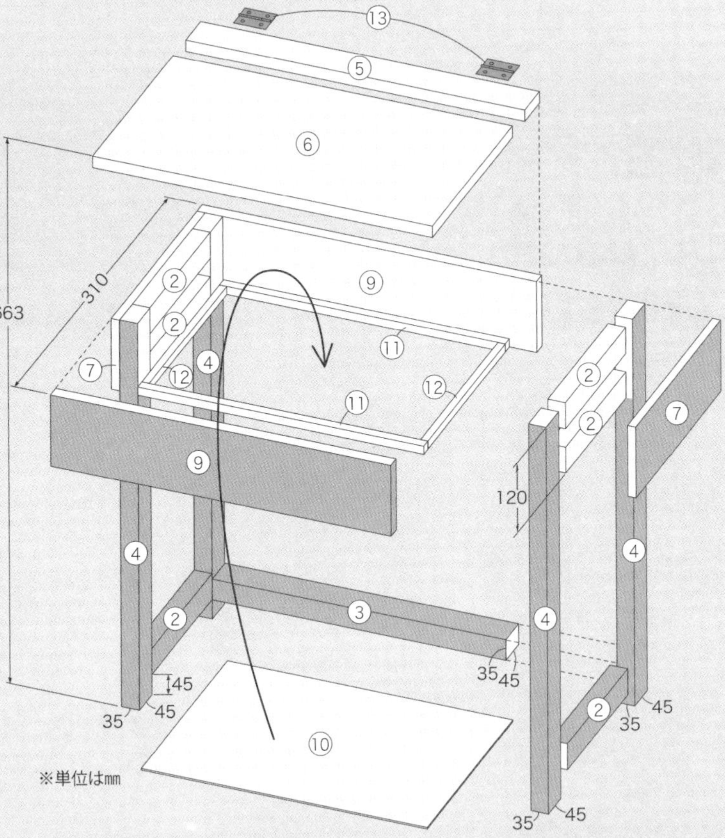


四角い枠を2つつくって脚とし、それを前後の幕板でつないでいる。天板は厚さ18㎜のパイン材で、蝶番は38ページのパタパタ靴箱と同じように表から付ける簡単な構造。脚の長さは使う人に合わせて調整するとよい。一般的な机の高さは70㎝前後だが、小さな子どもならもう少し低くてもよい。

## 道具

メジャー、ノコギリ、サシガネ、ハタガネ、カナヅチ、ドライバードリル、ドリルビット（1.5㎜）、下穴ドリル、サンドペーパー（80番）、サンダー、ハケ、ウエス

### 太鼓鋲でビスを隠す

材料と材料を簡単に接合できるビスだが、見栄え的にはいまひとつ。それを隠すために使用したのが太鼓鋲。イスの座面の革などの固定にも使われる装飾用の鋲で、アンティーク感もアップする。

## Vintage Point

### 開閉式の天板

天板が開いて中にいろいろなものを入れられる。同じ収納でも引き出しをつくるよりずっと簡単。パイン材の天板は水性ステインとワックスで木目を生かし、昔の木造校舎にあるような机の雰囲気に。

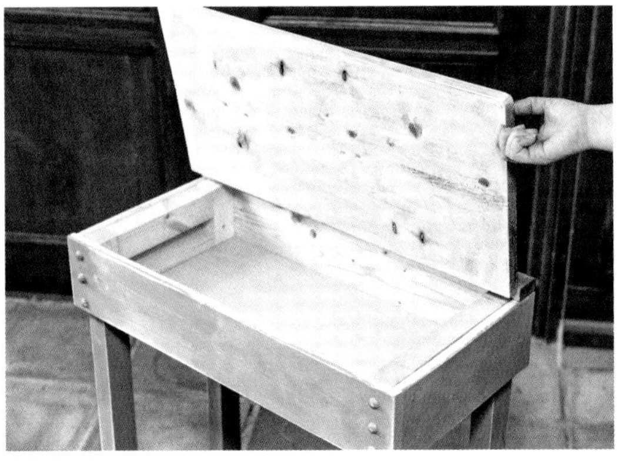

## Step 1

# 脚をつくる

**Point**

2本の脚を3本の貫（妻手）でつなげて、四角い枠を2つつくる。材料同士がきちんと直角に組み合わされていないとぐらつきの原因になる。直角はサシガネを当てて確認できる。脚の上側にビスが集中するので、ビス同士が干渉しないように注意して打つこと。

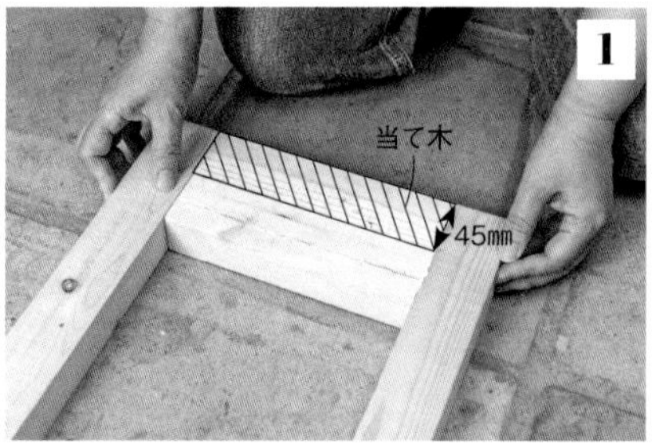


### 貫（妻手）を仮留めする

脚④の一方の端から45㎜の位置に木工用接着剤で貫（妻手）②を仮留めする。幅45㎜の余っている材を当て木にして位置を決めるとよい。

### 上側の貫の位置を記す

組立図を参考にして脚④の反対側の端に貫（妻手）②の位置を記す。貫の位置は幕板（左右）⑦の幅（120㎜）と同じなので、幕板を当てて写し取る。

### 上側の貫を仮留めする

木工用接着剤で脚④の端と**2**で記した位置に貫（妻手）②を接合する。

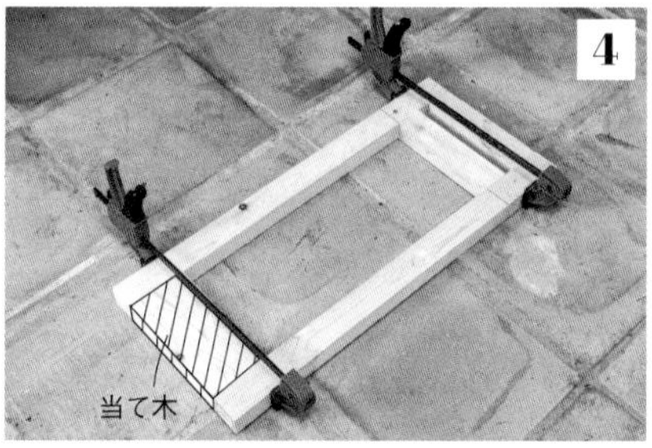


### ハタガネで締める

貫（妻手）②を仮留めした脚④をハタガネ2本で締めて、接着剤が乾くまで固定する。

### ビスで貫を固定する

脚④と貫（妻手）②を75㎜のスリムビス⑯で固定する。ビスは1本の貫に対して脚の両側から2本ずつ打つ。

### 幕板（左右）を付ける

脚④と貫（妻手）②で組んだ枠の上側に35㎜の極細ビス⑰で幕板（左右）⑦を取り付ける。ビスが集中する場所なので打つ位置を記してから作業するとよい。

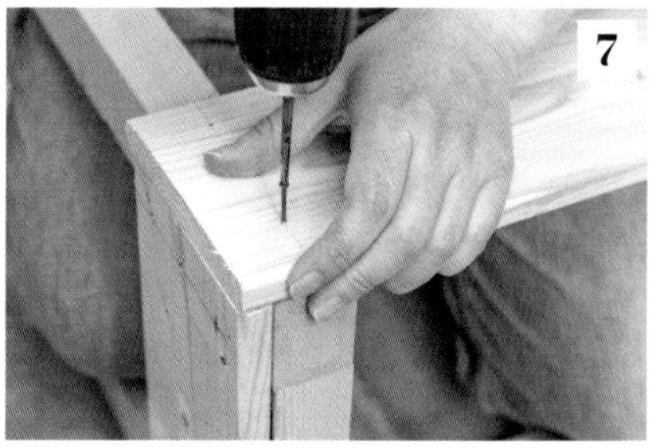


### 幕板（前後）を付ける

**6**で幕板（左右）⑦を付けた2つの枠を幕板（前後）⑨でつなぐ。ビスは35㎜の極細ビス⑰を使用する。

### ぐらつきがあれば調整する

平らな場所に置いてぐらつきがないか確認する。ぐらつきがあれば立てた状態で幕板を一度外し、取り付け位置を調整する。

### 左右の脚を貫でつなぐ

机の前側、脚の底から45㎜の高さに貫（長手）③を取り付ける。立てた状態で仮留めしてから75㎜のスリムビス⑯で固定する。

# Step 2

# 塗装して底板と天板を取り付ける

**Point**

本体はバターミルクペイントで塗装。天板は水性ステインとワックスで仕上げる。天板に塗料が固着するのをふせぐため、本体と天板は別々に塗装する。天板の蝶番は位置がずれないように必ず印を付けてから、下穴をあけて取り付ける。ネジが小さいためドライバードリルのトルクは弱めに設定しておくか、ドライバーで手締めする。

### 底板の枠を付ける

幕板（前後・左右）⑦⑨の内側に底板の枠を長手⑪、妻手⑫の順番で取り付ける。25㎜の極細ビス⑰を使用。

### 太鼓鋲を打つ

幕板（前後）⑨を固定しているビスの頭が隠れるように太鼓鋲⑭を打つ。前後の幕板に合計12個取り付ける。

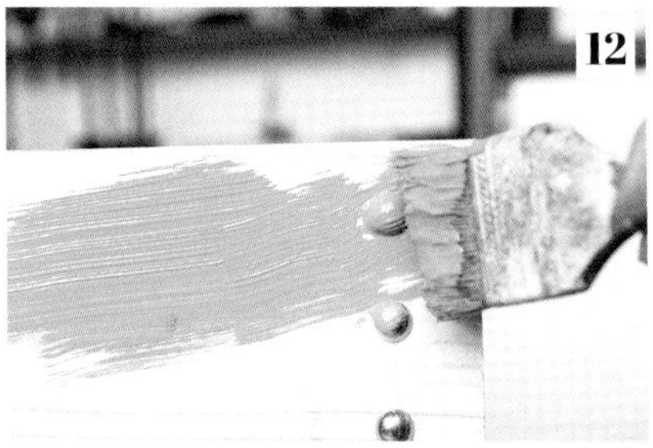


### 本体を塗装する

ブルーのバターミルクペイントで全体を塗装する。12で取り付けた太鼓鋲も上から塗ってしまってよい。

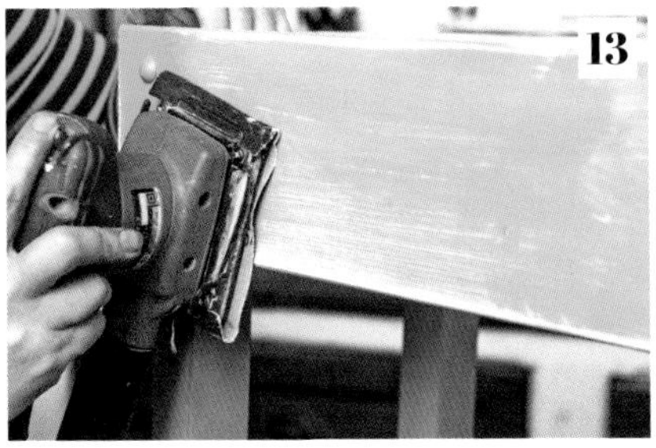


### 削って使用感を出す

塗装が乾いたらサンダーをかけてところどころ塗装を落として使用感を出す。削り過ぎるとわざとらしくなるのでほどほどに。

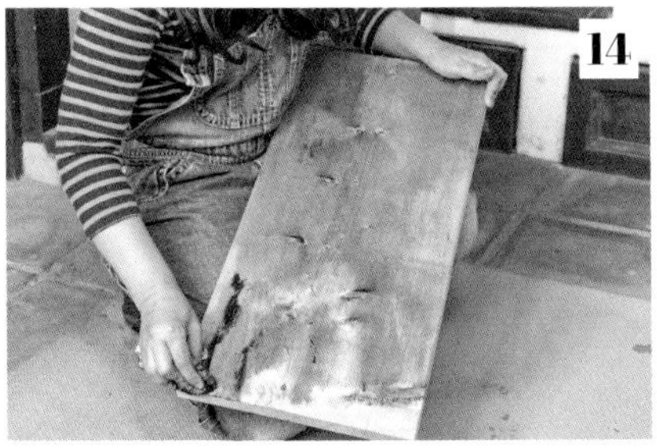


### 天板にワックスを刷り込む

天板（固定部・開口部）⑤⑥は、最初に水性ステインを塗り、乾いたらその上からウエスでワックスを刷り込む。

### 底板をはめる

幕板の内側に底板⑩を入れて、10㎜の皿木ネジ⑮で固定する。

### 天板（固定部）を付ける

35㎜の極細ビス⑰で天板（固定部）⑤を取り付ける。ビスが目立たないように、頭を食い込ませる。

### 蝶番を付ける

天板（開口部）⑥の左右50㎜の位置に蝶番⑬を付け、それから本体に取り付ける。天板は軽くサンダーをかけて角を落としておく。

Finish!

# パタパタ扉の靴箱

**DATA** 製作時間：1～2日
材料費：7000円

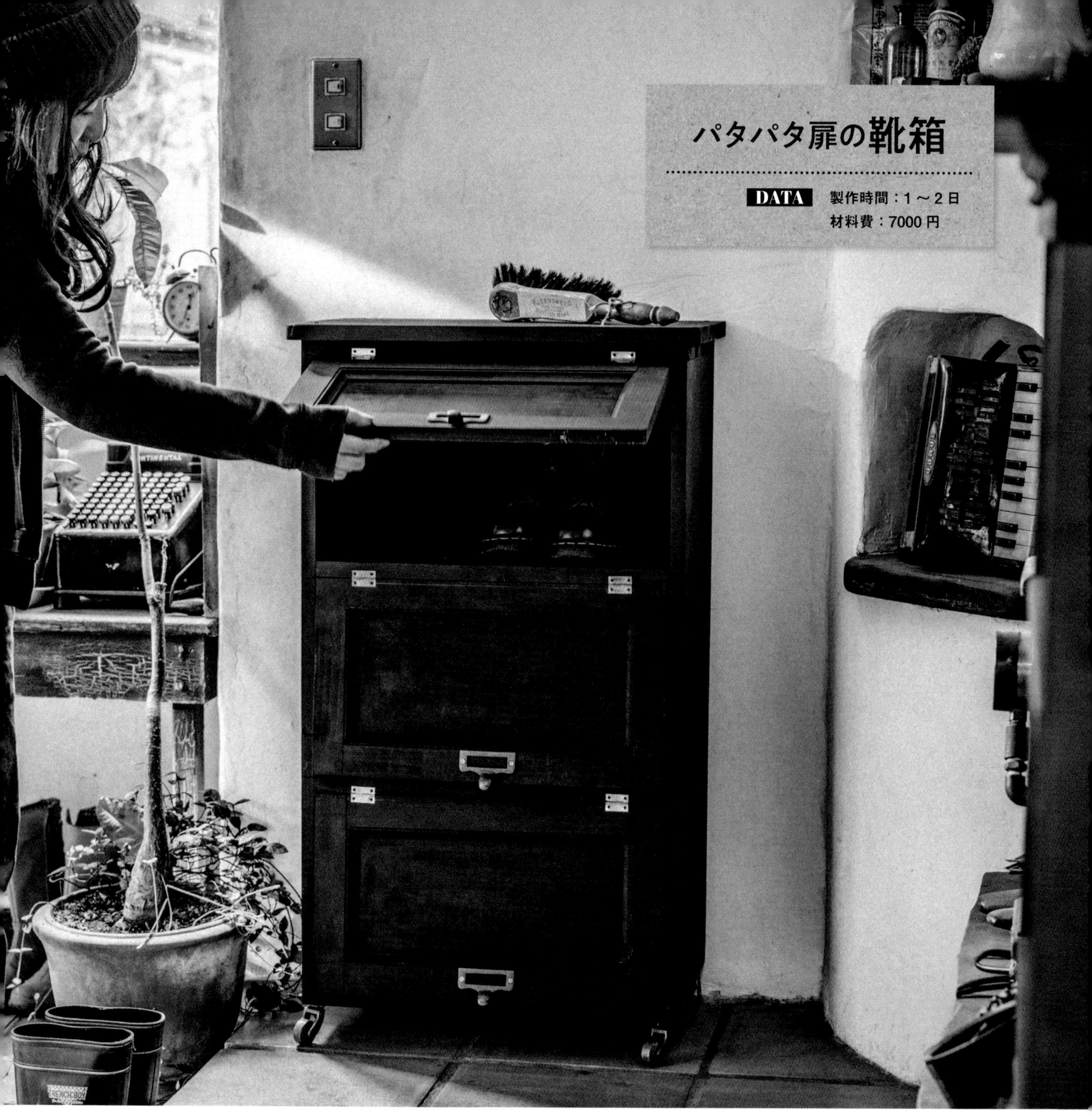

扉を持ち上げて中のものを出し入れし、手を離すとパタンと閉じる靴箱です。銭湯やおしゃれなカフェなどでときどき見かけるんですが、昔ながらの味わいがいいですよね。ただ、本物のアンティークのパタパタ靴箱は人気が高くて、結構いい値段がするんです。それで自分でつくってみました。

パタパタ扉の特長は、扉の上部に表から蝶番を付けるところ。実は、蝶番を使った扉としては最もシンプルな構造なんです。

とはいえ、扉の左右につける蝶番の高さがずれたり、斜めになったりするとスムーズに開け閉めできません。蝶番は一度ビスで留めてしまうと、付け直すのが難しいので慎重に場所を決めて、下穴を開けてから取り付けます。本体と扉にちょっとすき間を設けるのがコツ。閉まるときには棚の中に閉じ込められた空気が抵抗になって、高級車のドアのようにゆっくりと滑らかに扉が閉じていきます。その感じがいいんですよ。音でいうとパタンではなく、パフッ。意味なく開け閉めしたくなっちゃいます。

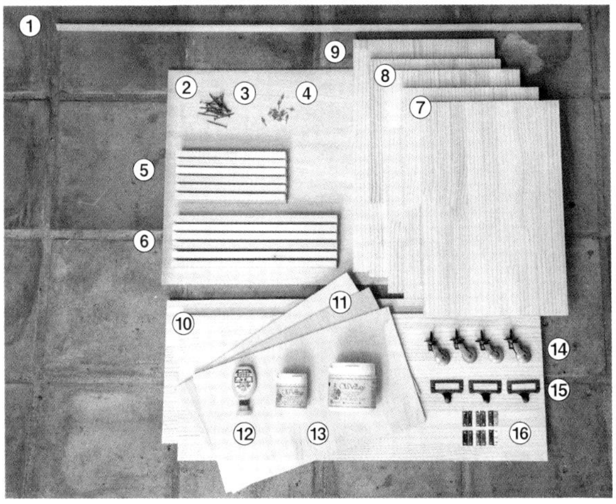


## 材料

① モールディング（3228㎜）×1本
（※368㎜×6本＋170㎜×6本）
② 背板 シナベニヤ（4×490×836㎜）×1枚
③ スリムビス（60㎜、22㎜）適宜
④ 隠し釘（22㎜）適宜
⑤ 扉化粧板（縦）　マツ（14×40×250㎜）×6本
⑥ 扉化粧板（横）　マツ（14×40×368㎜）×6本
⑦ 棚板　パイン集成材（20×300×450㎜）×2枚
⑧ 天板・底板　パイン集成材（20×300×490㎜）2枚
⑨ 天板（化粧）　パイン集成材（20×328×525㎜）×1枚
⑩ 側板　パイン集成材（20×300×796㎜）×2枚
⑪ 扉下地　シナベニヤ（4×250×448㎜）×3枚
⑫ 木工用接着剤
⑬ バターミルクペイント（黒、白）
⑭ キャスター×4個
⑮ ネームプレート×3個
⑯ 蝶番×6枚

## 道具

メジャー、サシガネ、ノコギリ、ハタガネ（4本）、カナヅチ、ドライバードリル、ドリルビット（1.5㎜、5㎜）、下穴ドリル、サンドペーパー（80番）、サンダー、ハケ、筆、トレイ

## 組立図

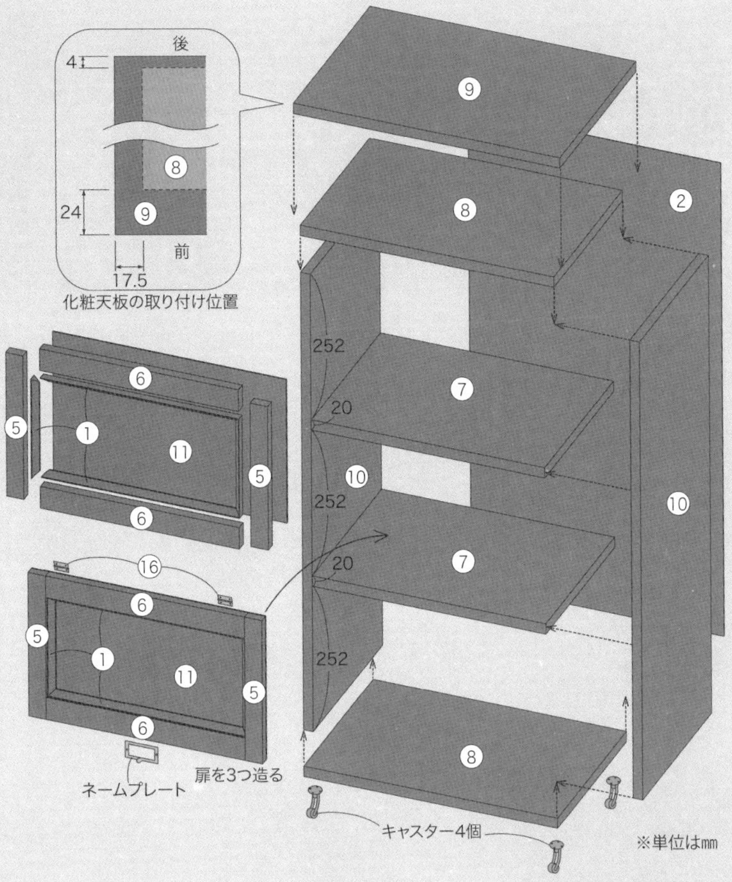


本体は仕切りのある大きな箱をつくるイメージ。扉の材料は薄いベニヤだが周りに無垢材（マツ）とモールディングを合わせた枠を付けて重厚な雰囲気に。扉は上下左右それぞれ1㎜程度のすき間を設けて取り付けると開閉がスムーズ。

## Vintage Point

### アンティークにこだわった金具

蝶番やネームプレート、キャスターなどの金具はすべてアンティーク品。ネットや古道具屋で気に入ったものがあったらちょっとずつ集めておくとよい。

### 大きな天板で重厚感を出す

シンプルな四角い箱だとカラーボックスっぽい雰囲気になってしまうため、天板の上にワンサイズ大きな化粧天板を載せて重厚感を出す。角はノコギリで落としたあとサンダーで削って丸くする。

# Step 1

## 本体を組み立て、扉をつくる

**Point**

本体は3段の棚になっており、各パーツは木工用接着剤で仮留めした後にビスで固定する。モールディングを固定する隠し釘は頭の樹脂が少しめり込むくらい打ち込み、最後にカナヅチで樹脂を横からたたくと頭がポロっと落ちる。普通の釘やビスに比べて目立たないのがいいところ。

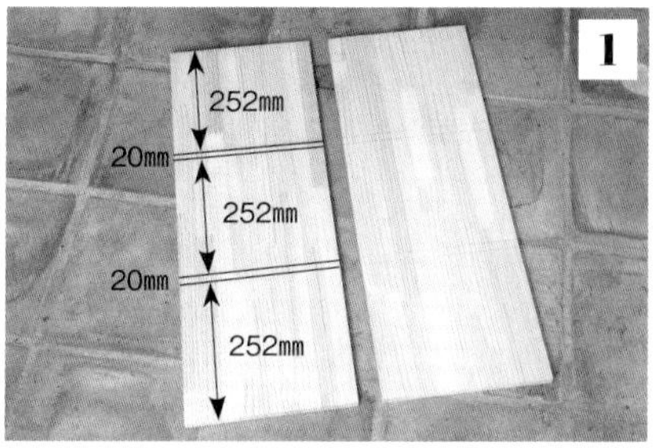


### 側板に棚板の位置を記す

側板⑩に棚板⑦を付ける位置を記す。扉の高さが250㎜なので、上下1㎜ずつすき間を設けて棚の高さは252㎜。棚板の厚みは20㎜。

### 棚板と側板を仮留めする

棚板⑦の木口に木工用接着剤を塗布し、1の線に合わせて接合する。棚板と側板⑩を合わせたらハタガネ4本で左右の側板をしっかり締める。

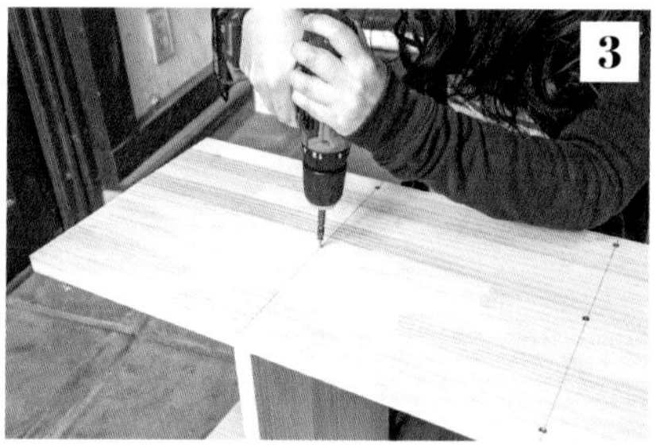


### 棚板と側板を固定する

接着剤が乾いたら側板⑩と棚板⑦を60㎜のスリムビス③で固定する。ビスは側板の外側から3本ずつ打つ。

### 天板、底板、背板を取り付ける

天板⑧、底板⑧を60㎜のスリムビス③で取り付ける。背板②は木工用接着剤で仮留めしてから22㎜のスリムビス③で固定する。

### 化粧天板を取り付ける

天板⑧にワンサイズ大きな天板（化粧）⑨を60㎜のスリムビス③で固定。角はノコギリで落とし、サンダーをかけて丸くする。

### 扉の下地に化粧板を付ける

扉化粧板（縦・横）⑤⑥に木工用接着剤を塗布し、扉下地⑪の周りに取り付ける。同じものを3枚つくる。

### モールディングをカットする

モールディング①を長さ170㎜と368㎜でそれぞれ6本ずつ切り出す。モールディングの両端は45度の角度を付ける。

### モールディングを取り付ける

モールディング①の裏に木工用接着剤を塗布し、扉化粧板（縦・横）⑤⑥の内側に接着する。

### 隠し釘で固定する

モールディング①の内側から長辺3か所、短辺2か所ずつ22㎜の隠し釘④を打つ。化粧板に貫通するように斜めに打つこと。

## Step 2

# 塗装と扉の取り付け

**Point**

塗装でムラを抑えるポイントは二度塗り。まず縦方向にハケを動かして塗り、塗料が乾いてから次は横方向に塗る。塗料が垂れたり、たまったりしないように薄く塗り広げること。扉の取り付けは慎重に。蝶番は必ず下穴をあけてからネジ留めする。

### 本体を塗装する

塗装はバターミルクペイントの白と黒を混ぜた濃いグレーで。26ページのファイルボックスと統一感を持たせると同時に木目のない集成材の味気なさを消した。

### 扉を塗装する

凹凸があるモールディングは大きなハケだと塗料が載りにくいため、細い筆を使って丁寧に塗る。

### ネームプレートを取り付ける

塗装が乾いたら扉の下側に付属のネジでネームプレート⑮を取り付ける。ネームプレートは扉の取っ手も兼ねている。

### 扉に蝶番の下穴をあける

蝶番⑯は軸を扉の上端に合わせ、扉の左右からそれぞれ50㎜の位置に付ける。扉に蝶番を当てて穴の位置を正確に写し取る。

### 扉に蝶番を取り付ける

まずドライバードリルに1.5㎜のドリルビットを付けて、**13**で記した位置に下穴をあける。次に付属のネジで蝶番⑯を取り付ける。

### 扉を本体に取り付ける

扉の周りに1㎜のすき間を設けるため下に厚紙やサシガネなどを挟んで作業するとよい。本体への蝶番の取り付けも下穴をあけてから。

### キャスターの下穴をあける

底板⑧の四隅から15～20㎜の位置に印を付けてキャスター⑭を取り付ける穴をドライバードリル（5㎜のドリルビット）であける。

### キャスターを付ける

**16**の下穴にキャスター⑭のネジをはめ、さらに付属のビスを使って固定する。4つのキャスターを取り付けたら完成。

Finish!

## 丸林さんちの DIYコレクション 01

### 簡単だけど使い勝手抜群！

# 本当につくってよかったもの

20年前に家づくりを始めてから生活に必要な家具をあれこれつくってきました。
ちょっとしたものが、意外と毎日の暮らしで活躍しています。

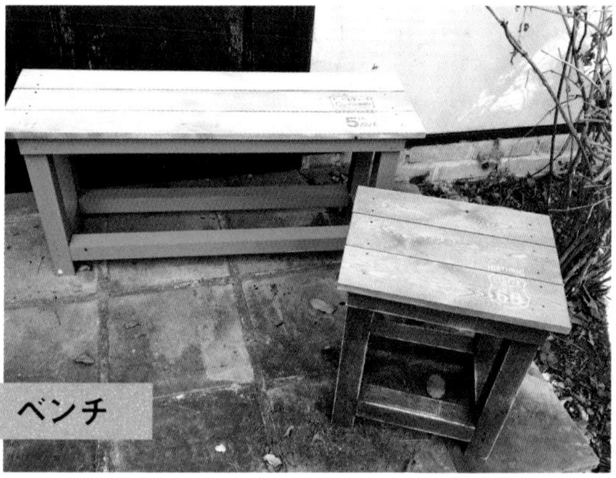

### ベンチ

ベンチはワークショップでも大人気。募集するとあっという間に定員になります。特に女性の参加者が多くて、木工をやりたい女性の方は多いんだなと感じます。自分でつくった作品で、暮らしを便利にしたり、家をおしゃれにしたりするのが楽しいんですよね。シンプルなベンチは使い道の幅が本当に広くて、踏み台や鉢植えを飾る台などとしても重宝します。

### カッティングボード

ジグソーで板を切るだけでできるということもあり、これまでいろいろな木材で、大小さまざまなボードをつくりました。パンやお菓子、オードブルなど、何を載せても絵になりますし、スキレットや鍋など熱い物を載せるのにも役立ちます。端材でつくっているので、染みがついたり、割れたりしてもいいや、と気軽に使っているのですが、案外丈夫でこれまでダメになったものはありません。左のボードは使い始めて10年くらい経ってます。

### シェルフ

家中にあるものとしてはシェルフもそのひとつですね。本を入れる棚、雑貨を置く棚、コーヒカップの収納棚、引き出しがついた棚、工作に使う紙やテープをしまう棚など、改めて家の中を見回すと棚だらけ。それというのもわが家の棚は、物をしまうためというよりは、飾って見せるためだから。本でも雑貨でも、お気に入りのものはしまっておくより、いつでも眺められたほうがいいですよね。

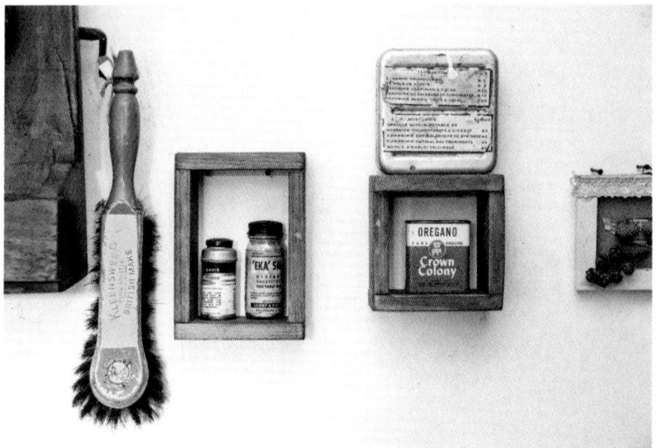

Part 2

# アンティーク塗装のアイデアとリメイクDIY

安い板を使ったアバウトなつくりでも塗装をちょっと工夫すれば趣ある作品に仕上がります。真新しい木材を古材のように見せるのも、本物の鉄のようにさびを浮かせるのもお手の物。ここではそんな数々の塗装の技と身近にある箱やイスをリメイクして楽しむ方法を紹介します。

# サンディング

アンティーク塗装の最も基本的なテクニックがサンディングです。塗装した面をヤスリやサンドペーパーで削り、長年使われてペンキが剥がれたような風合いを出します。簡単なワザですが、奥が深く、どこをどれくらい削るかで作品の仕上がりが全然違ってくるんです。実際に使い込まれた家具は、どんな風に塗装が剥げていくのか想像しながら削るといいですよ。

## 道具

サンダー
サンドペーパー80番
ハケ
ウエス

## 材料

① 木製の数字プレート
② オイルフィニッシュ（ワトコオイル）
③ 水性塗料（チョークペイント）
④ ワックス

1

### 下地をつくる

ウエスに適量のオイルフィニッシュをしみこませ、木製数字プレートの木目に沿って塗る。

2

### 塗料を塗る

オイルフィニッシュが乾いたら下地の色が隠れるように水性塗料を塗り重ねる。

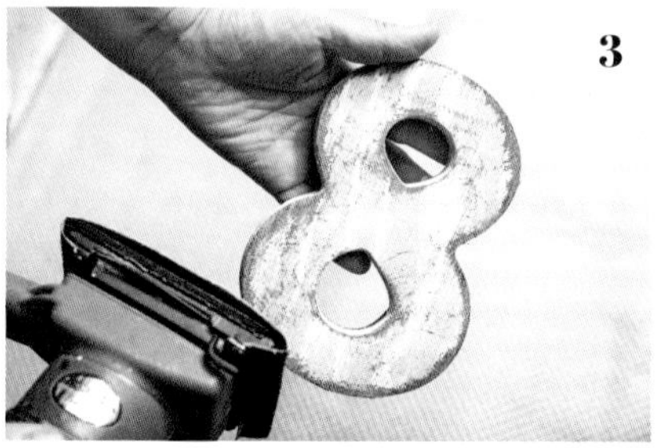

3

### サンダーで削る

塗料が乾いたら角を中心に全体にサンダーをかけて上塗りした塗装を部分的に落とす。

4

### ワックスを塗る

ワックス用のハケ、またはウエスにワックスを取って塗る。表面保護と艶出しの効果がある。

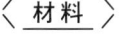

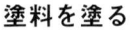

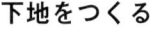

# クラック加工

古い家具やエクステリアで塗装がひび割れて剥がれ落ちたものがあります。アメリカの古い時代を描いた映画に出てくるような、何世代にもわたって使われてきた家具ってそんなイメージじゃないですか。その雰囲気を表現できるのがクラック加工。専用のクラック塗料で、簡単にひび割れをつくれます。ウエスでこすると上塗りした塗料がはがれて一層古びた風合いに。

〈道具〉

ハケ

〈材料〉

① 木製の数字プレート
② クラック塗料（オールクラックアップ）
③ 水性塗料（バターミルクペイント）×2色

①  ②  ③ 

1

### 下地を塗る

下地となる水性塗料を縦方向に塗る。必ず一定方向にハケを動かすこと。

2

### クラック塗料を塗る

下地が乾いたらその上から横方向にクラック塗料を塗る。下地と直角に塗るのがポイント。

3
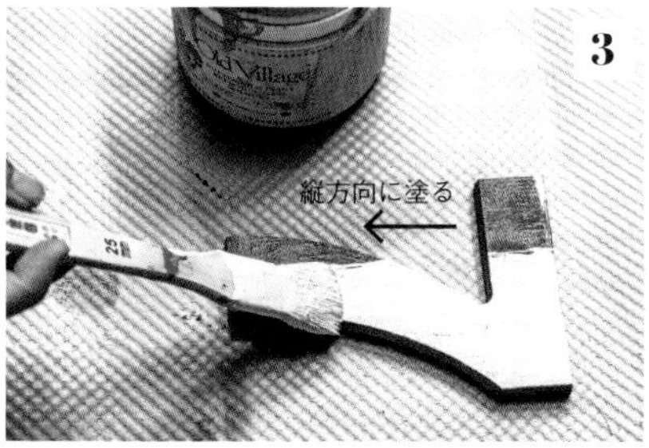


### 上塗りする

クラック塗料が乾いたら、上塗りの塗料を縦方向に塗る。2度塗りするとうまくひび割れしないので1回で仕上げる。

Finish! Detail

Point
垂らしたり、伸ばしたり、さまざまな表情を付けて塗料を付ける。

# ペンキ飛ばし／輪じみ加工

建築現場などで使われる足場板や養生シートに飛び散ったペンキや缶の底に付いた塗料の輪じみを意図的に表現しました。筆にたっぷり含ませた塗料を振り落とすようにして模様を付けていきます。
塗料が伸びた感じやポタっと垂れた塊をつくると一層リアル。塗装の足場として実際に使われそうな踏み台やイスに施すと、ストーリーも感じられます。

〈道具〉

ハケ
筆
塗料の容器や空き缶

〈材料〉

① 端材
② 水性塗料（バターミルクペイント）×3色以上

①

②

1

## 下地の色を塗る

端材に下地になる水性塗料を塗る。ムラを付けてラフに塗ってよい。塗装後、完全に乾かす。

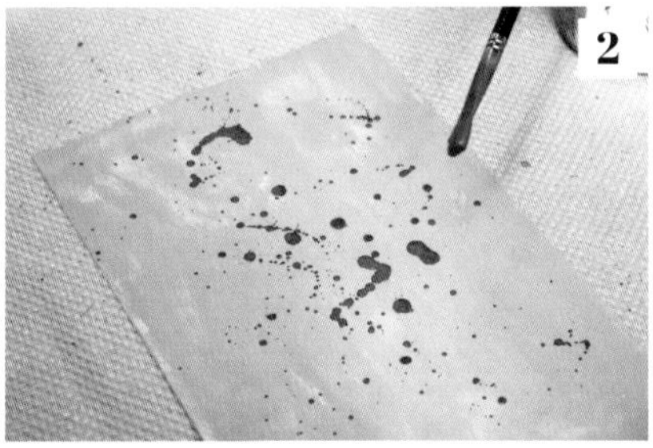
2

## 塗料を落とす

下地と異なる色を筆にたっぷりと含ませて、端材の上で軽く筆を振って塗料を落とす。

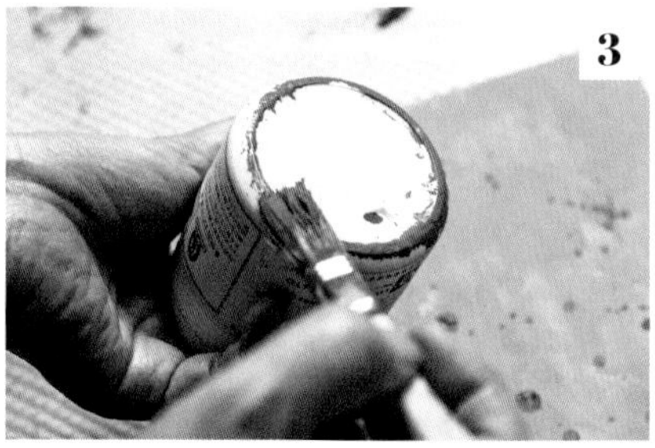
3

## 容器の底に塗料を付ける

塗料の容器や空き缶の底の縁の部分を塗る。濃淡を付けると板に押し付けたとき自然な印象になる。

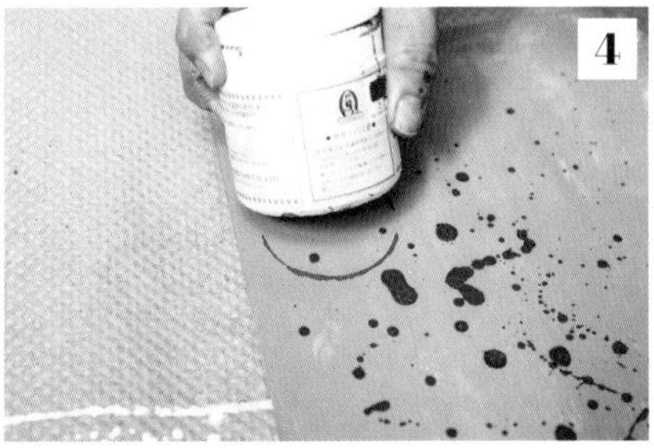
4

## 容器の底の塗料をスタンプする

端材の適当な場所に容器の底を押し付けて塗料を付着させる。かすれた感じになるとベター。

Finish! Detail

Point

塗装 → 乾燥 →塗装の繰り返しで色を重ねてさびの風合いを出す。

# さび風塗装

専用の塗料を使うことで木材やプラスチックに金属のような質感を出すことができます。その名も「アイアンペイント」という塗料を使うのですが、塗装面のざらざらした肌触りまで本物っぽく仕上がります。とはいえ、ほかのアンティーク塗装と同じようにただペタペタと塗るだけでは本物らしさが出ません。より金属らしく見せるには多少のテクニックが必要です。

〈道具〉

スポンジ
筆

〈材料〉

① LED一体型クリップライト
② プライマー
③ 水性塗料（アイアンペイント）×2色以上

①
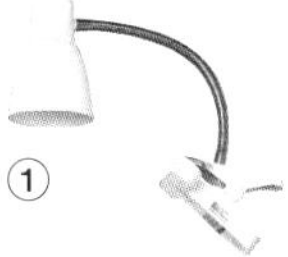
②

③

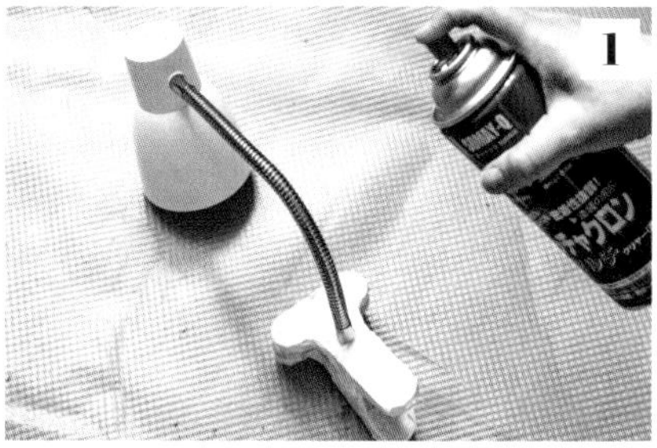


### プライマーを塗る

塗料の密着性を高めるためクリップライトにプライマーを吹きかけ、その後乾燥させる。

### 下地を塗る

スポンジに少量の水性塗料を含ませて、ポンポンと軽く叩くように色を載せていく。

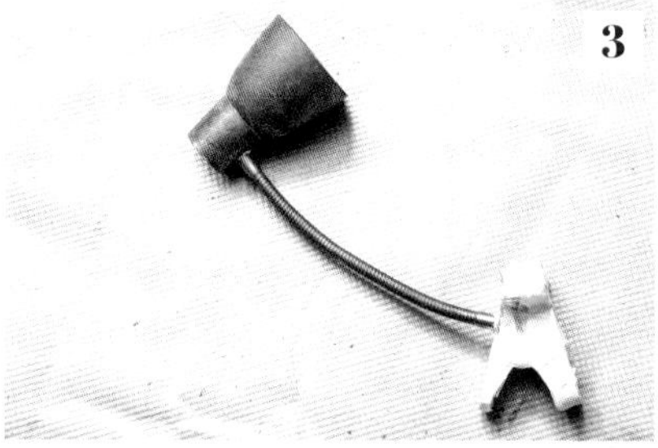


### 塗装を重ねる

ある程度色が付いたら一度乾燥させた後、また同じ色を重ねる。これを3～4回繰り返すと徐々に金属のような質感が出る。

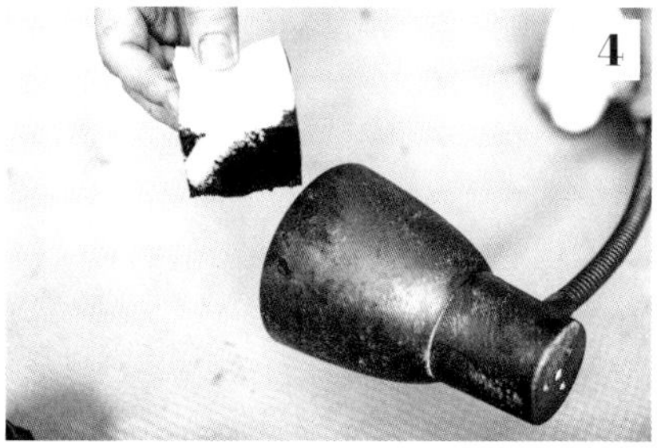


### さびを表現する

下地とは別の色をスポンジに取り、部分的に色を載せながら深みのあるさびを表現する。

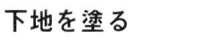

# さび加工

47ページのさび風塗装は、金属色の塗料を使ってさびを表現しましたが、ここで紹介するさび加工は、「さびカラー」という金属粉の入った塗料で本物のさびをつくってしまうというもの。実際、表面の塗装は経年変化していき触れるとさびが手に付きます。プラスチック製品って家にいろいろあると思うのですが味気ないですよね。「さびカラー」で塗装すると重厚感が出ますよ。

Point
発色液の濃淡で
錆の強さを変えられる。

〈道具〉

ハケ
カッター

〈材料〉

① プラスチック製時計
② 金属塗料（さびカラー鉄色、発色液）
③ プライマー
④ マスキングテープ

1

**マスキングする**

塗装しない部分にマスキングテープを張る。きわの部分はカッターで整える。

2

**プライマーを吹き付ける**

塗料の密着性を高めるため全体にプライマーを吹き付けたあと、乾燥させる。

3

**塗装する**

金属塗料の底に沈殿している金属粉をよくかきまぜてからハケで塗装する。厚塗りするとゴツゴツした質感が出る。

4

**発色液を塗る**

金属塗料が完全に乾いたら発色液を上塗りする。濃く塗るとその部分はさびが強く出る。8時間程度でさびが浮き上がる。

Finish! Detail

# アンティーク金属加工

この棚受けは、もともとは黒かったんですが、ちょっと味気なかったので、うちのインテリアに合うようにアンティーク風に塗装しています。メタリックなギルディングワックスで、さびが浮いたような金属の素材感を引き立てました。ただ、1色をべた塗りするだけだと輝きが強すぎるので、色を重ねてムラを出し、落ち着いたアンティーク金物の雰囲気に。

Point
上塗りは
優しいタッチで
かすれた感じに塗ると
リアル。

〈道具〉

スポンジブラシ、
または筆

〈材料〉

① ギルディングワックス　×2色以上
② プライマー
③ 首長ブラケット（止×2、通×1）
④ パイプ（1m）

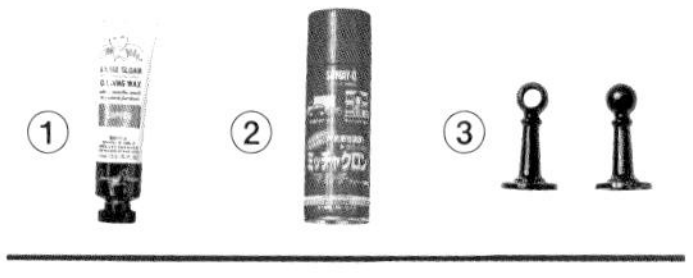

**1**

### 下地の塗料を塗る

首長ブラケットとパイプにプライマーを吹き付けて乾かし、下地のギルディングワックスを塗る。

**2**

### ワックスを塗り重ねる

下地が乾いたら部分的に異なる色を上塗りして奥行を出す。かすれ気味に塗るとよい。

**3**

### パイプを塗る

パイプにも同じようにワックスを塗り重ね、乾いたら組み立てる。古びた金属のような風合いに。

Finish!
Detail

Point
塗料の厚みにムラを付け、
部分的に下地を見せて
ざらついた立体感を出す。

# 鉢植えリメイク

シンプルな素焼きの鉢植えに漆喰が剥げたようなラフな塗装をしてジャンク感を出しました。水彩画などに使われる「ジェッソ」というアクリルや石灰を主成分とした下地材に、「サンドマチエール」という天然砂を混ぜると、普通の塗料では表現が難しいざらつき感や厚みを出すことができます。仕上げにオイルフィニッシュを塗って経年によるくすみを加えました。

### 道具

トレイ
ペインティングナイフ
ハケ

### 材料

① 鉢植え　② ジェッソ
③ サンドマチエール
④ オイルフィニッシュ（ワトコオイル）
⑤ プライマー　⑥ ペイント薄め液

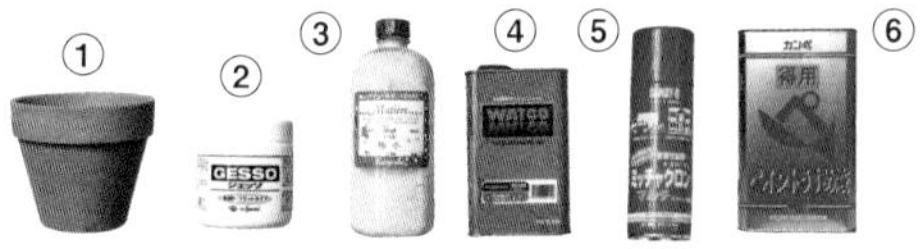

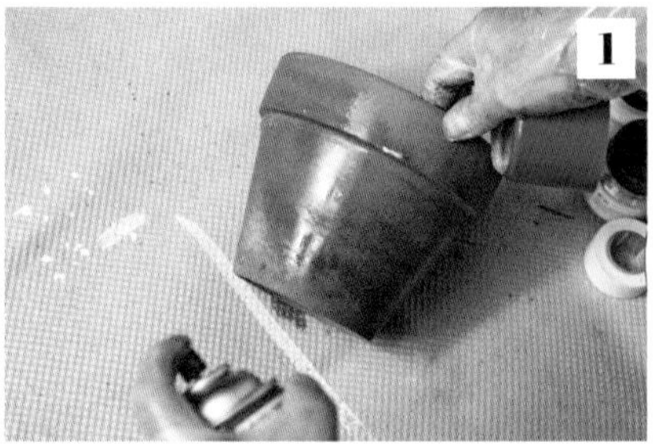

1

### プライマーを吹き付ける

塗料の密着性を高めるため素焼きの鉢にプライマーを吹き付けたあと、よく乾燥させる。

2

### 塗料を混ぜる

トレイに必要量のジェッソを取り、適量のサンドマチエールを混ぜる。多く加えるほどざらつき感が出る。

3

### 鉢を塗る

サンドマチエールを混ぜたジェッソをペインティングナイフで鉢に塗り付けていく。

4

### オイルフィニッシュを塗る

オイルフィニッシュとペイント薄め液を2：1の割合で混ぜて薄め、乾いた塗装の上から塗って汚れた感じを出す。

Finish!
Detail

# ロウ引き加工

44ページで紹介したサンディング加工は塗装を削って使い込まれた家具の雰囲気を出すテクニックですが、ここで紹介するロウ引き加工は下地にロウを塗って上塗りする塗料をはじくことで、自然に剥がれ落ちた塗装を表現します。経年変化を再現するという点では同じですが、アプローチを変えるとまた違ったテイストになるのがアンティーク加工の面白いところです。

〈道具〉

ハケ
ウエス
トレイ

〈材料〉

① 端材 ② ロウソク
③ みつろうワックス
④ 水性塗料（チョークペイント）

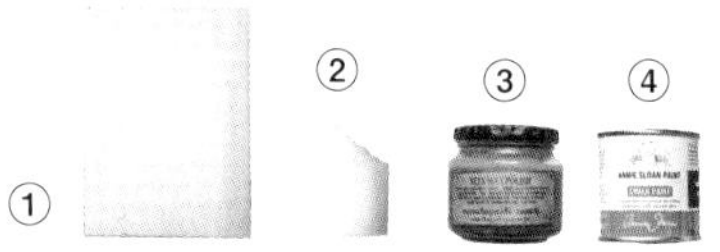

1

### 下地の水性塗料を塗る

下地となる水性塗料をハケに取って全体に均一に塗る。この時点では多少ムラが出てもよい。

2

### ロウを塗る

下地の水性塗料が乾いたら、その上からロウソクを押し付けてロウを塗る。

3

### 水性塗料を上塗りする

水性塗料と水を2：1の割合で混ぜてロウの上に載せていく。ロウを塗った部分の塗料ははじかれ、塗っていない部分だけしみ込む。

4

### みつろうワックスで仕上げる

乾いたらウエスでみつろうワックスを塗る。塗装面のツヤ出しや保護のための加工。

Finish! Detail

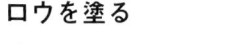

# パイプ椅子をガーデンチェアにリメイク

**DATA** 製作時間：4時間
材料費：4000円

学校や公民館、多目的ホールなどにある折りたたみ式のパイプ椅子をおしゃれにできないかと思ってリメイクしてみました。

ビニール張りの座板や背板をはがして、座板は端材でパッチワーク風に、背板は天然の革に張り替えました。座板に使う端材は、あえて幅や樹種が異なるものを並べると変化が出ます。塗装は一枚ごとに色を変えてカラフルに。ただ、色を使い過ぎると落ち着きがないので、基本の色をひとつ決めて2～3色をアクセントとして入れるといいですよ。ここで紹介している座板の基本色は茶色。差し色に赤と水色と白を入れています。特に赤と水色は、茶色と相性がいいんです。

背板は、もともとパイプイスに付いていた下地に合わせてカットした革を接着剤で張るだけ。使い込むと柔らかくなって味わいが出るのも天然の革のいいところです。

パイプ椅子は丈夫なつくりで、折りたためるのも便利。インテリアやガーデンチェアとして意外と使えるんです。

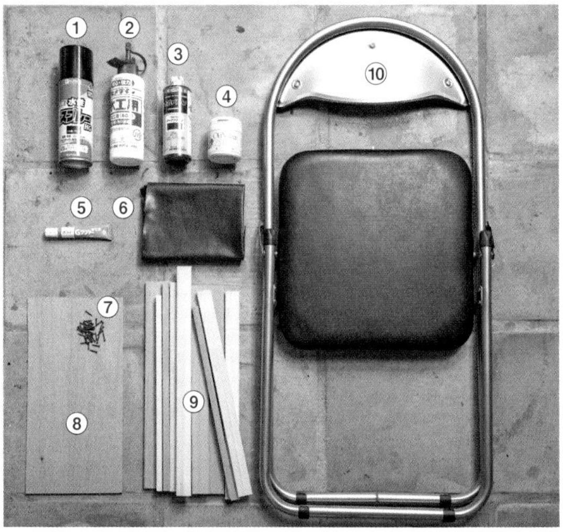


## 材料

① 水性スプレー（黒）
② 木工用接着剤
③ 水性ステイン（好みの色）
④ バターミルクペイント（好みの色）
⑤ 多用途接着剤
⑥ 革（種類は問わない。薄くて扱いやすいもの。500×600㎜程度）×1枚
⑦ ミニビス（16㎜）適宜
⑧ シナベニヤ（2.5×200×400㎜）×1枚
⑨ 端材（座板に必要なだけ）
⑩ パイプイス

## 道具

メジャー、サシガネ、ノコギリ、ジグソー、ハサミ、ドライバー、ドライバードリル、ラジオペンチ、サンドペーパー（80番）、サンダー、ハケ、筆、カーボン用紙、油性ペン

## 組立図

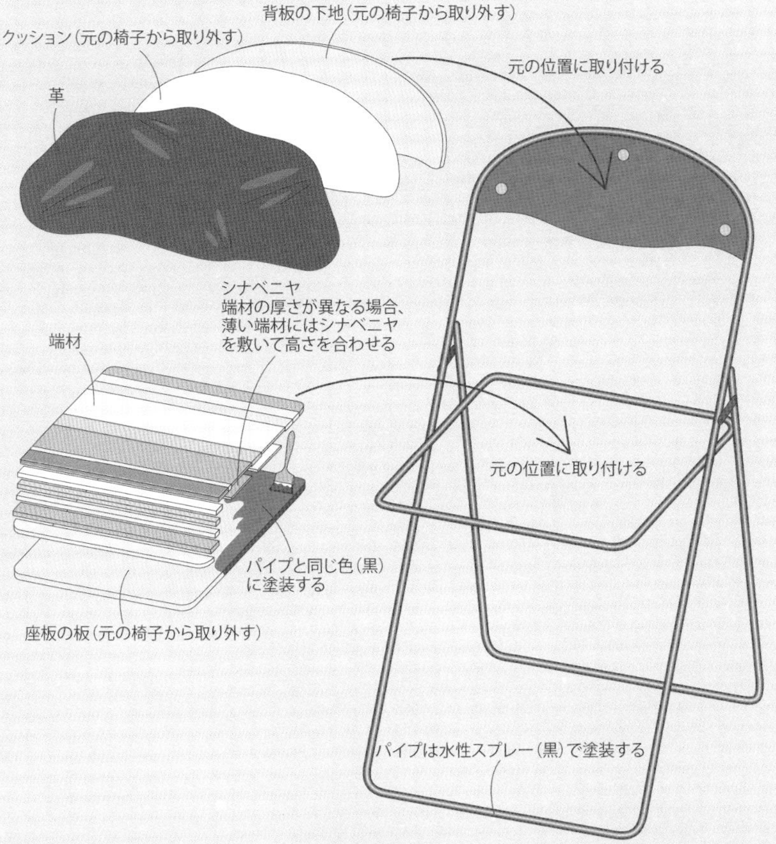


座板に張る端材は寄せ集めでOK。端材の厚さが異なる場合は2.5㎜厚の薄いシナベニヤを挟めて調整するとよい。背板はビニールの生地を革に張り替える。クッションと下地は再利用するので丁寧に取り外すこと。銀色のパイプは黒く塗装すると、グッと落ち着きが出る。

## Vintage Point

### パターンを変えてアレンジ

座板は、端材の幅や樹種、木目、色などの組み合わせ次第で表情が変わる。右は横張り、左は縦張り。また、右は一部の板を赤や水色で塗装しているが、左はワックスを塗っただけで、樹種によって異なる木肌の色や木目をそのまま生かしている。

### 背板をペイントリメイク

背板のビニールは張替えせずにペイントだけでもおしゃれになる。好みの色でざっと塗ってから、乾く前にウエスで一部を拭き取ると、ビニールの細かい隙間に塗料が入り込んで、独特の風合いが出る。ステンシルや手書きの文字でアクセントを入れるのもgood！

# Step 1

## パイプ椅子の分解と座板の加工

**Point**

もともとの座板と背板は再利用するパーツもあるので取り外しは丁寧に。端材の組み合わせはセンスの見せ所。リメイクチェアの表情を左右する重要なポイントだ。座板は下地板に合わせて角を丸くカットすると柔らかい印象になり、座り心地もいい。

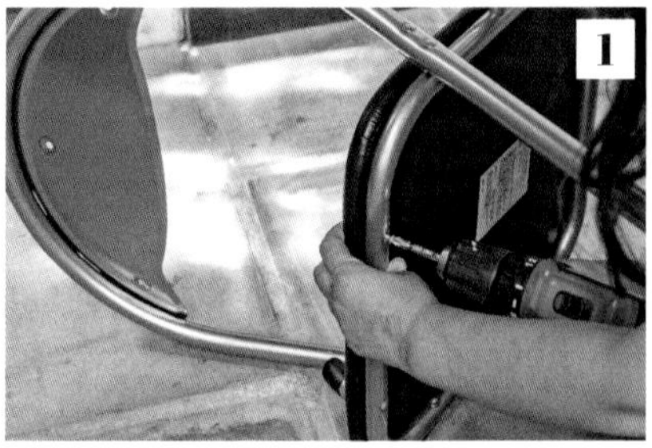

1

### 座板と背板を外す

座板と背板は裏からネジで固定されているだけなので、ドライバーやドライバードリルを使って簡単に外すことができる。

2

### 座板、背板のカバーを外す

カバーはホチキスの針を大きくしたようなもので下地に留まっている。ラジオペンチなどを使って外す。

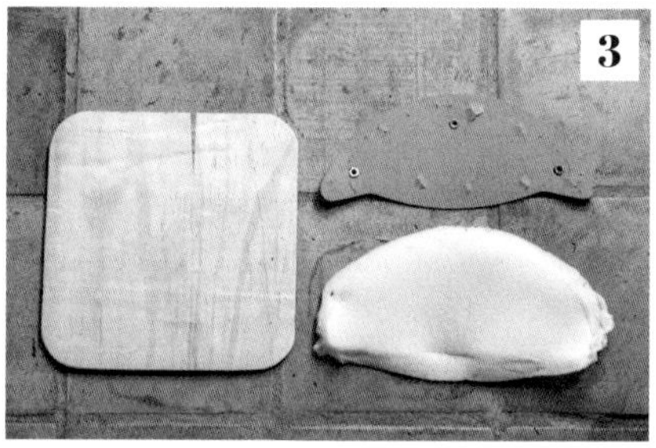

3

### 再利用する部品は取っておく

取り外した座板の下地板（左）と背板の下地の厚紙（右上）、背板のクッション（右下）、およびネジは再利用するので取っておく。

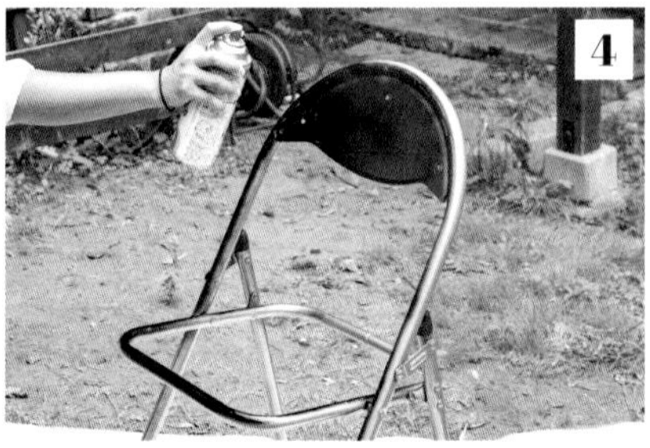

4

### フレームを塗装する

パイプイスのフレームを黒の水性スプレーで塗装する。スプレーはパイプから150～200㎜ほど離して、動かしながら全体に薄く吹き付ける。

5

### 下地板を塗装する

座板から取り外した下地板と端材の厚さ調整に使うシナベニヤ⑧をフレームと同じ黒のバターミルクペイントで塗装する。

6

### 端材をカットして塗装する

端材⑨を座板のサイズに合わせてカットし、水性ステインやバターミルクペイントで塗る。乾燥後サンダーで塗装を落として使用感を出す。

7

### 下地板に端材を接着する

座板の下地板に塗装した端材⑨を仮置きして位置を決め、木工用接着剤で張り付ける。端材の厚みが異なる場合はシナベニヤ⑧を敷いて調整する。

8

### 端材をビスで固定する

木工用接着剤が乾いたら下地板の裏から、16㎜のミニビス⑦で端材を固定する。

9

### 角をカットする

下地板のカーブに合わせて端材の角をジグソーで落とす。切り口はサンダーで滑らかに整える。

Step 2

# 背板の加工

**Point**

背板は天然の革を張ってリメイク。革の種類は特に問わないが、なるべく薄いほうが切ったり、曲げたりしやすい。革は多用途接着剤で背板のクッションと下地に接着。周りに切り込みを入れておくとカーブする部分のしわを防げる。

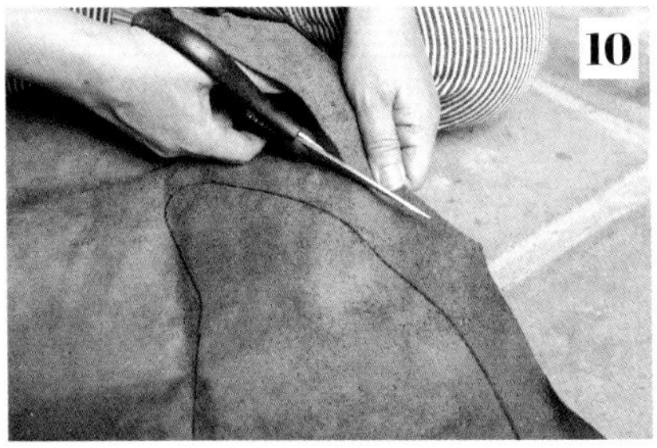

10

### 革を切り出す

革⑥にパイプイスから取り外した背板の下地の形を写し取る。革をカットするときは写し取った線の40〜50㎜外側をハサミで切る。

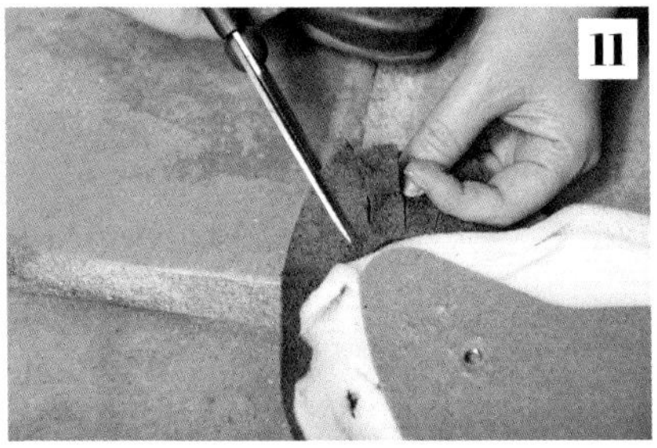

11

### 革に切り込みを入れる

革⑥の周囲に20〜30㎜間隔で切り込みを入れる。切り込みの深さは下地を写し取った線の5〜10㎜ほど外側まで。

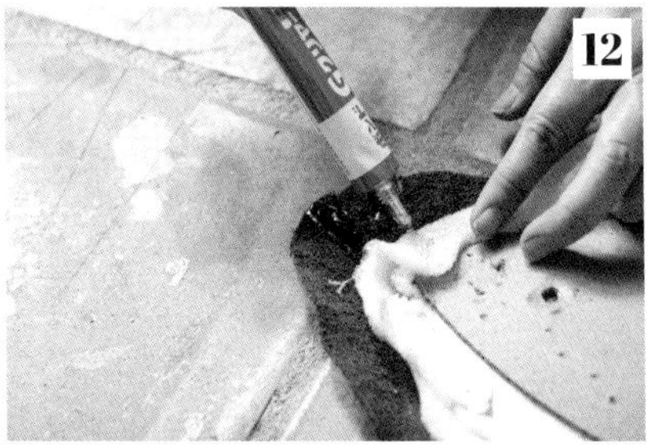

12

### 革、クッション、下地板を重ねる

革⑥の裏側を上にして広げ、その上に背板のクッションと下地板を載せて多用途接着剤を塗る。

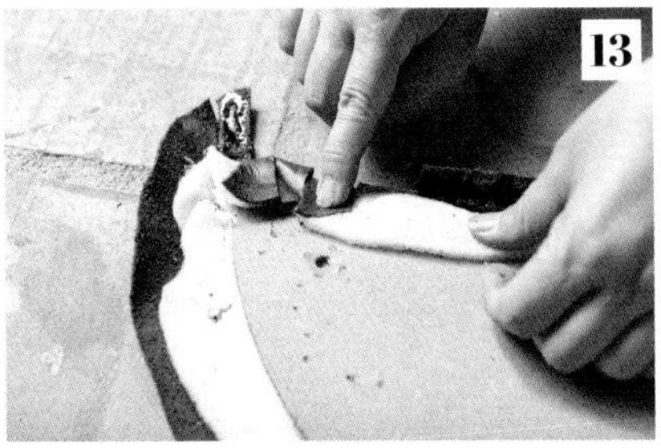

13

### 革を下地板に接着する

下地板からはみ出した部分のクッションと革を折り返して接着する。乾くまで重しを載せた板などで抑えて密着させる。

14

### 背板に文字を写す

パソコンで好きな文字やデザインを印刷し、カーボン用紙に重ねて背板に写し取る。

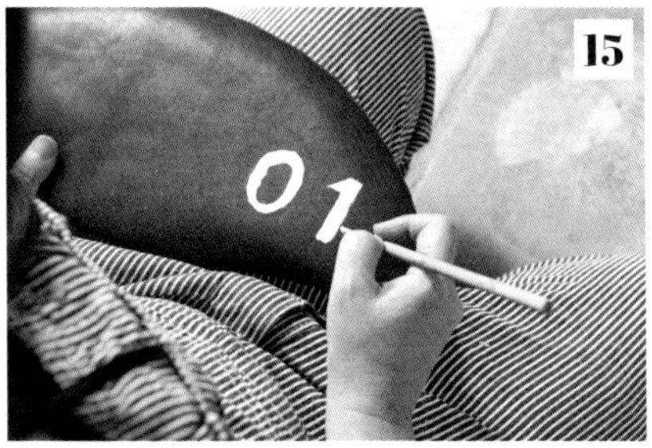


15

### 背板の文字を塗る

背板に写し取った文字やデザインをバターミルクペイントで塗る。細めの筆を使うと細かい部分も書きやすい。

16

### 塗装を削る

塗料が乾いたら80番のサンドペーパーで、写し取った文字やデザインを軽く削って、かすれた感じを出す。

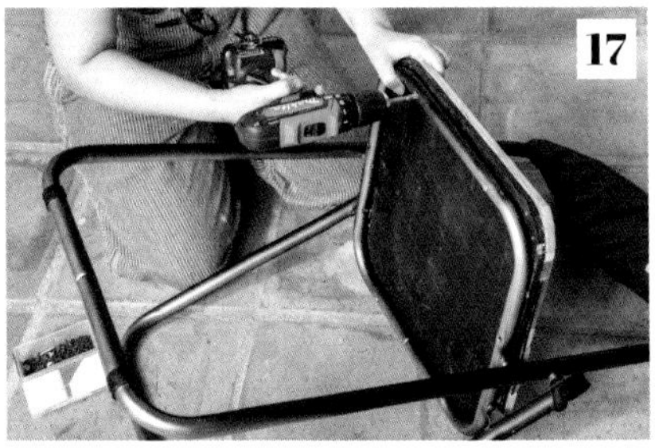

17

### 背板と座板を取り付ける

リメイクした背板と座板をもともとついていたネジでフレームに取り付けたら完成。

Finish!

## ワイン箱リメイクのツールボックス

**DATA**　製作時間：2～3時間
材料費：1500円

DIYをしているとどんどん道具が増えてきて収納場所に困ります。自立しにくい工具も多いし、電源コードも意外とかさばります。そんな工具類をスマートに収納できるツールボックスがこれ。ドライバードリルやジグソーを引っかけられるのがミソで、電源コードも下に垂らしておけるので、まとめるわずらわしさがありません。

木製のワイン箱をリメイクしたので、木材を切って組み立てるという手間が省け、製作時間も大幅に短縮できます。

天板には廃材の足場板をあしらいました。ワイン箱がとても薄い板でできているので、分厚い足場板を組み合わせるとインパクトが出るんです。

いつも使う道具って、引き出しにしまうと出し入れが面倒くさいし、テーブルや棚に置くと、いつの間にか散らかって何をどこに置いたのかわからなくなることも。その点、壁掛けだと常に目に入るし、必要なときにサッと取り出せて、作業が終わったら掛けておけるので邪魔になりません。スペースを有効的に使えるんです。

## 組立図

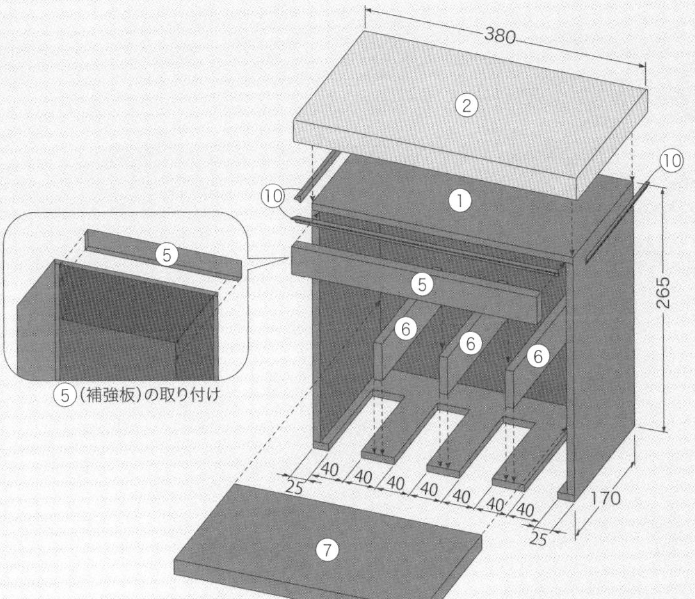


※単位はmm

## 材料

① ワイン箱　(170×265×330㎜) ×1個
② 天板　足場板　(33×195×380㎜) ×1枚
③ 木工用接着剤
④ バターミルクペイント (黒)
⑤ 補強材　スギ (12×45×312㎜) ×1枚
⑥ 仕切り板　スギ (12×68×160㎜) ×3枚
⑦ 棚板　SPF (19×160×312㎜) 1枚
※SPF1×8から切り出す
⑧ ミニビス (32㎜) 適宜
⑨ 仮釘 (22㎜) 適宜
⑩ モールディング (12×12×750㎜) 1本

## 道具

メジャー、サシガネ、ノコギリ、ジグソー、ハタガネ (2本以上) 、カナヅチ、ドライバードリル、ドリルビット (12㎜) 、サンドペーパー (80番) 、サンダー、ペンチ、ハケ、筆

ツールボックスの底になる部分をコの字型にカットして工具の引っ掛けをつくる。ここでは幅40㎜で統一しているが、寸法は所有する工具に合わせて調整しよう。天板を固定するビスは、上から打つと薄いワイン箱を貫通してしまうので、箱の内側からと、背面、側面から斜め打ちする。天板の周りはモールディングで化粧する。

## Vintage Point

### 廃材の足場板を天板に

足場板とは建築現場などで高所作業の足場に使う厚みあるスギ板。実際に使われて付いた傷や浮き上がった木目、こぼれた塗料など、どんなヴィンテージ加工もかなわない本物の味わいがある。

### ワイン箱アレンジ

木製のワイン箱は、ほかにもいろいろリメイクできる。これはキーホルダー付きティッシュボックス。扉を付けたワイン箱の中にボックスティッシュが入っており、下から一枚ずつ取り出せる。扉は黒板になっていてメモや落書きも。

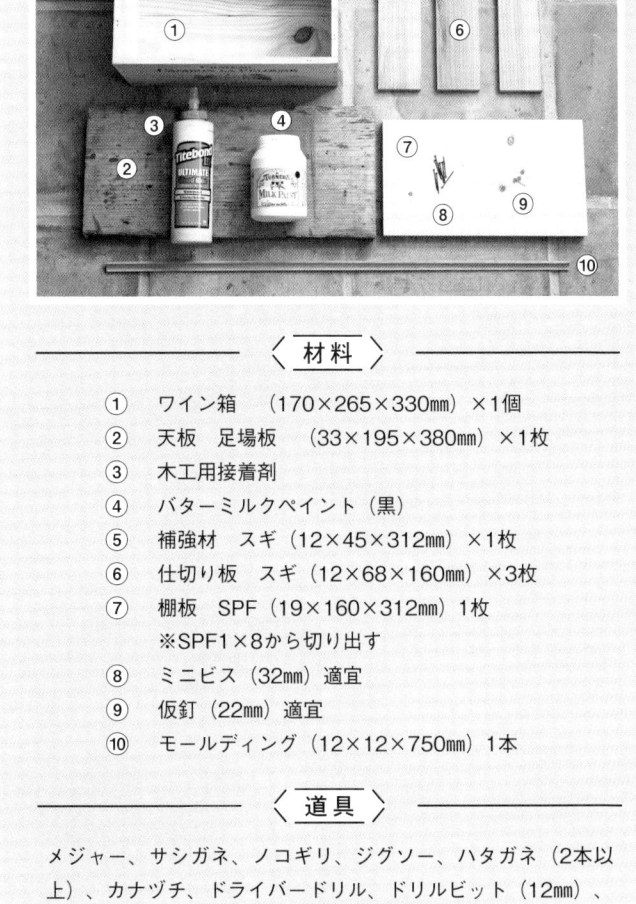

# Step 1

# ワイン箱の加工と仕切り板、棚板の取り付け

**Point**

ワイン箱の側板にジグソーでコの字形の切り欠きを入れる。このときコの字の角にドリルで穴をあけるが、端材でＬ字型のガイドをつくると正確に穴あけできる。仕切り板や棚板の接合にはミニビスを使う。頭が小さいので塗装すると目立たない。

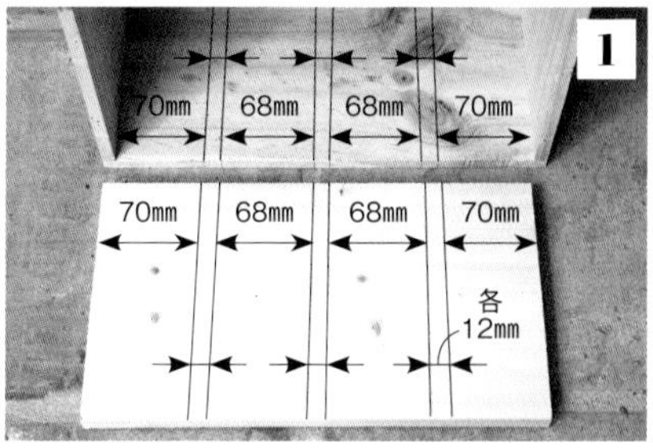


1

### 仕切り板の位置を記す

ワイン箱の側板（ツールボックスの底になる部分の内側）と棚板⑦に、仕切り板⑥を取り付ける位置を記す。

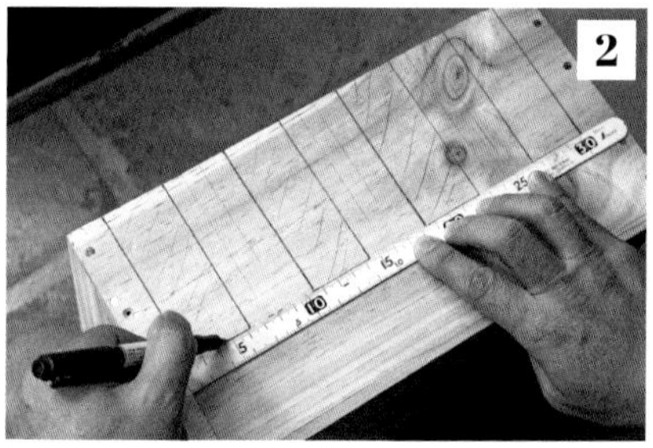

2

### 切り欠きの位置を記す

ワイン箱の側板（ツールボックスの底になる部分の外側）に、組み立て図を参考にしてコの字型の切り欠きを入れる位置を記す。

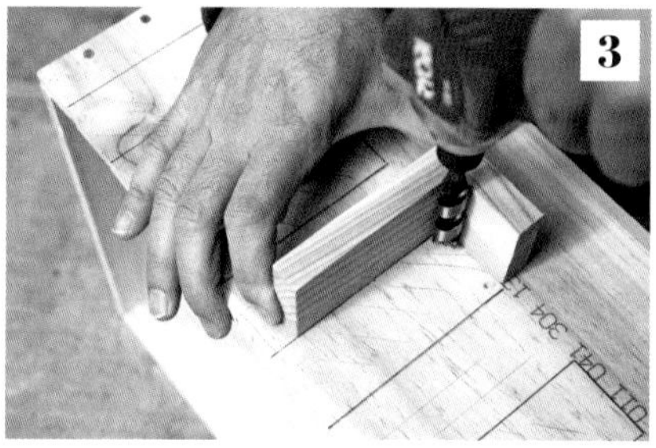

3

### コの字の角に穴をあける

端材でL字形のガイドをつくり、**2**で記したコの字の角に当てて12㎜のドリルビットで穴をあける。こうすることで穴の位置がずれにくくなる。

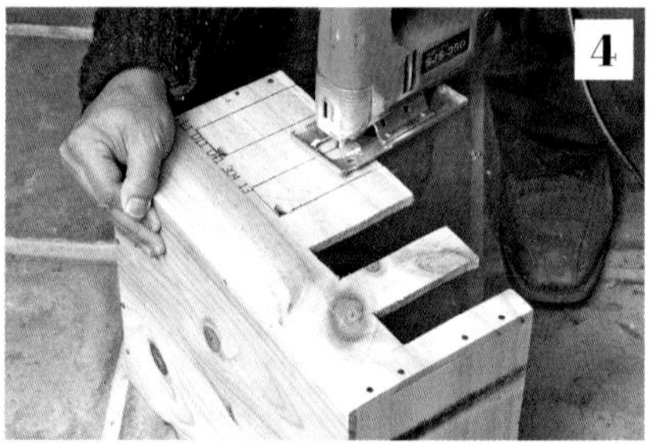

4

### 切り欠きをカットする

ジグソーでコの字型の切り欠きをカットする。最初に長辺をカットし、それから**3**であけた穴にジグソーの刃を入れて短辺を切り落とす。

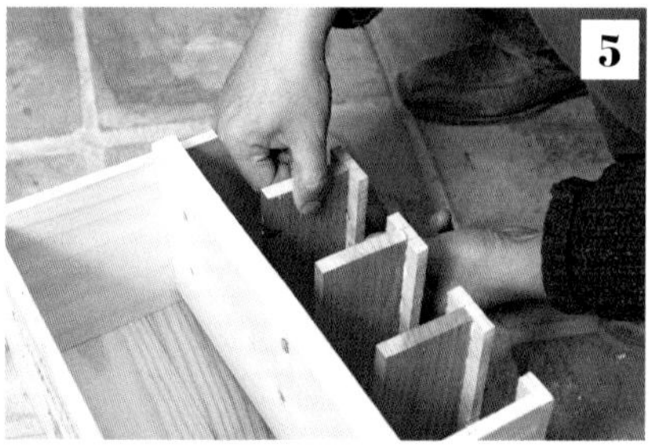

5

### 仕切り板を仮留めする

仕切り板⑥に木工用接着剤を塗布し、**1**で記したワイン箱の内側に仮留めする。

6

### 棚板を仮留めする

棚板⑦に木工用接着剤を塗布して、**5**で取り付けた仕切り板⑥の上に載せ、ハタガネで締めて密着させる。

7

### 棚板と仕切り板を固定する

木工用接着剤が乾いたらハタガネを外して棚板⑦と仕切り板⑥を32㎜のミニビス⑧で固定する。

8

### ワイン箱の底と側面からビスを打つ

ツールボックスの底になる面から32㎜のミニビス⑧を打ってワイン箱と仕切り板⑥を固定。さらに側面と背面からミニビスを打って棚板⑦を固定する。

9

### 補強材を取り付ける

木工用接着剤でワイン箱の内側に補強材⑤を固定する。ワイン箱の板が薄いため、壁にビスで取り付ける際に補強材を付けると安定する。

# 塗装と天板の取り付け

**Point**

廃材の足場板を取り付ける際は表と裏に注意。木材は樹皮があるほうを木表、年輪の中心側を木裏といい、乾燥すると木表側に反ってくる。その性質から、木工では、通常、木表側が表になるように使う。木表と木裏は木口の年輪を見て判断する。

### 角を落とす

棚板⑦と仕切り板⑥を付けたワイン箱は、全体にサンダーをかけて角を滑らかにする。

### 塗装する

バターミルクペイントで全体を塗装する。仕切りの内側など塗りにくいところは細い筆を使うとよい。この後取り付けるモールディング⑩も塗装しておく。

### 天板を取り付ける

ツールボックスに木工用接着剤を塗布し、天板②を取り付ける。天板は切り口の年輪を見て、木表側を上にする。

### ハタガネで天板を密着させる

無垢材の天板②は大きく沿っている場合があるので、ハタガネをやや強めに締めてワイン箱にしっかり密着させる。

### 天板をビスで固定する

ハタガネを締めた状態で、ワイン箱と天板②を32㎜のミニビス⑧で固定する。ミニビスはワイン箱の左右と背面、前面内側から斜め打ちする。

### モールディングを取り付ける

モールディング⑩は切り口に45度の角度をつけて354㎜で1本、182㎜で2本切り出し（一方の端だけ45度）、木工用接着剤で前面と側面に取り付ける。これで天板を固定したビスを隠す。

### 仮釘で密着させる

モールディング⑩に22㎜の仮釘⑨を打ってワイン箱と天板に密着させる。仮釘は接着剤が乾いたら、頭のプラスチック部分をペンチで挟んで抜き取る。隠し釘でもOK。

### 天板にサンダーをかける

天板②の角にサンダーをかけて丸みを出す。サンダーをかけすぎると、廃材本来の味わいが落ちてしまうので、軽くかける程度にする。

ちょっと大変だったけど

# とことんこだわった自信作

わが家の家具は思いついたときにパッとつくっちゃうことが多いんですが、
中にはしっかり構想を練って、こだわり抜いた作品もあります。

## ピザ窯

じつはこのピザ窯は二重構造になっているんです。内側を耐火煉瓦で組み、断熱層を設けて外側に普通の赤レンガを積んでいます。扉は鋳物のまち、埼玉県川口市で手に入れました。下が火床で上が焼き床になっているんですが、効率よく窯全体に熱が回るように煙道はS字になっています。家でピザを焼くことってそんなにないんですけど、ガーデンインテリアとしてピザ窯があると庭が引き立ちます。

## 物置

最初は隣家との境に塀をつくろうと思ったんです。でも、ただの壁じゃもったいないと思って物置にしました。そのため奥行きが60㎝くらいしかないんですが、扉を開けてすぐに物を取り出せるのでとても使いやすいんです。壁と屋根が付いた棚と言ってもいいかもしれません。できれば家の周りの塀を全部こんな物置にしたいと思っています。

## 水槽ケース

古い下駄箱を解体したナラ材でつくった水槽ケースです。上部は開閉式のふたになっていて、水槽のメンテナンスもできます。ステンドグラス越しの照明やアナログ式の水温系など細かいところにもこだわりました。周りの人からの評判もよくて、友人の結婚式のお祝いに同じようなものをつくってあげたことがあるんですが、すごく喜んでくれました。

Part 3

# いろいろな素材を使って、もっと自由に楽しむ DIY

DIY で使える材料は木材だけではありません。鉄や革、ガラス、タイル、それから古い金物や廃材など、いろいろ組み合わせてみましょう。ここで紹介してる作品を参考に、自分が見つけた材料で、必要なもの、好きなもの、楽しいものをつくってください。

# タイル天板のキッチンワゴン

**DATA** 製作時間：1～2日
材料費：6000円

キッチンって食器や調理器具、食材、調味料など、日々使うものがいっぱいあって家の中でも一番ものであふれているところ。棚や収納がもっと欲しいと思うんですが、スペースの問題などもあって簡単には増やせません。そんなときに活躍してくれるのが、この移動式のキッチンワゴン。必要なときだけ手元に転がして、使わないときは邪魔にならない場所にしまっておけるから便利なんです。

天板は熱い鍋をそのまま載せられるようにタイルを張りました。フレームは断面が45×45㎜の丈夫なマツ材で、重いものも安心して載せられます。脚栓はキャスターを取り付けやすいように少し幅広の45×55㎜の材を使っています。

高さは一般的に700㎜前後が使いやすいと思いますが、中段の棚板は置きたいものに合わせるといいと思います。

天板の白いタイルが映えるように本体は黒で塗装し、キャスターの色もそれに合わせました。細かいところですが、色使いひとつで仕上がりの雰囲気が全然違ってくるんです。

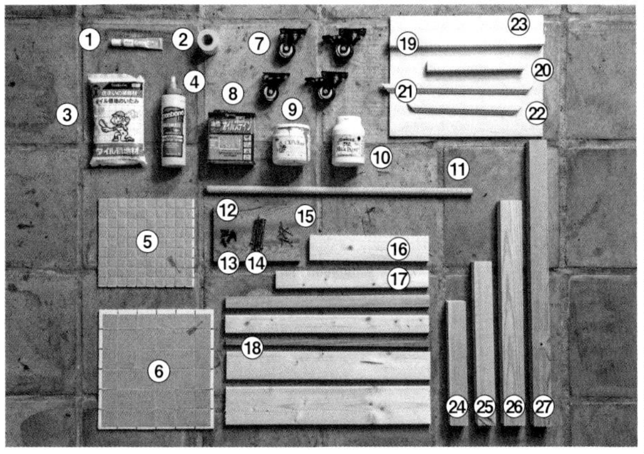

## 〈材料〉

① 多用途接着剤
② マスキングテープ
③ タイル目地材
④ 木工用接着剤
⑤ タイルシート（小）×1枚
⑥ タイルシート（大）×1枚
⑦ キャスター　×4個
⑧ オイルステイン（メープル）
⑨⑩ バターミルクペイント（黒と好きな色2〜4色程度）
⑪ 取っ手　丸棒（φ18×360㎜）×1本
（※写真は約700㎜のもの）
⑫ 取っ手の側板　ウエスタンレッドシーダー1×6（225㎜）×1枚
⑬ トラスタッピングビス（20㎜）×16本
⑭ スリムビス（70㎜）適宜
⑮ 極細ビス（38㎜）適宜
⑯ 取っ手の背板　SPF1×3（310㎜）×1枚
⑰ 棚板（両端）　端材（15×45×400㎜）×4本
⑱ 棚板　端材（厚さ15×長さ530㎜）　必要なだけ　※幅は適宜
⑲ 天板の受け（長手）　パイン（24×24×400㎜）×2本
⑳ 天板の受け（妻手）　パイン（24×24×252㎜）×2本
㉑ モールディング（長手）　（12×20×400㎜）×2本
㉒ モールディング（妻手）　（12×20×300㎜）×2本
㉓ 天板　シナ合板（9×300×400㎜）×1枚
㉔ 桟　マツ（45×45×300㎜）×6本
㉕ 桟　マツ（45×45×400㎜）×4本
㉖ 脚桟　マツ（45×55×550㎜）×2本
㉗ 脚　マツ（45×45×700㎜）×4本

## 〈組立図〉

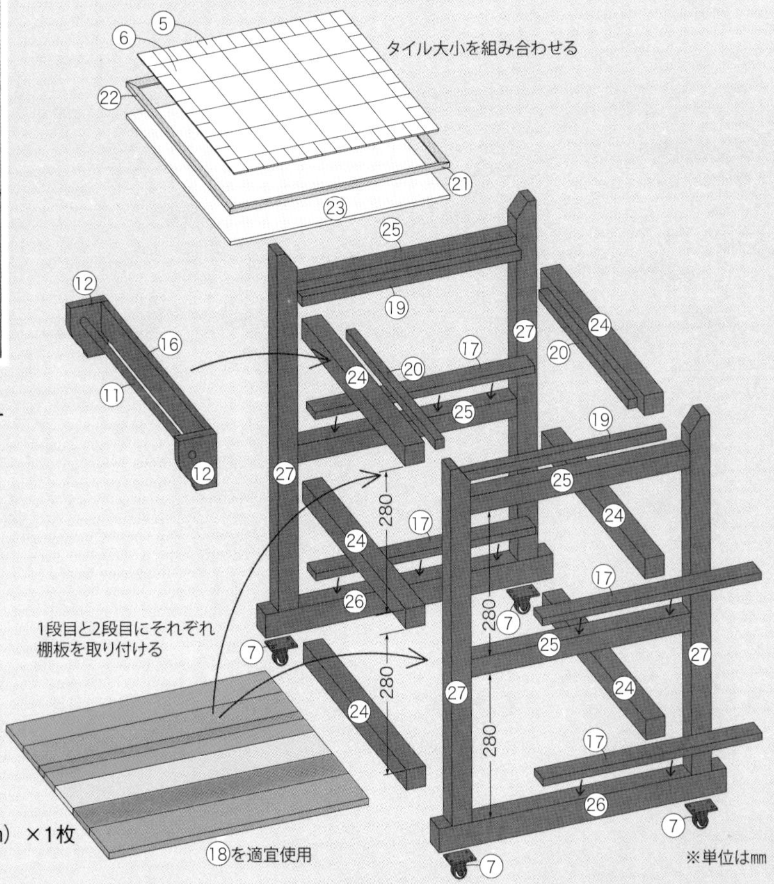


フレームは2つの“日”の字型の枠を６本の桟で接合している。脚と桟の接合部分はビスが集中して交差点のような状態になるので、ビス同士がぶつからないように注意。棚板は端材。すのこ状に並べ、適当にすき間を開けて幅を調整する。天板は受け材に載せてあるだけ。タイルは多用途接着剤で天板に張る。タイルをぴったり納めるために、天板のサイズを決めてから、全体を設計すること。

## 〈道具〉

メジャー、サシガネ、プロトラクター、ノコギリ、ジグソー、ハタガネ（2本以上）、カナヅチ、ドライバードリル、ドリルビット（3㎜、19㎜）、下穴ドリル、サンドペーパー（80番）、サンダー、ハケ、ウエス、ヘラ

## Vintage Point

**ステインの上塗りで古さを醸し出す**

棚板に使用する端材は、赤、青、白などの明るい色で塗装し、乾燥後に軽くサンダーをかけて、茶系のオイルステインを上塗りする。塗装が剥げた部分に色がしみ込み落ち着きと風合いが出る。

**大小のタイルを組み合わせる**

大きなタイルを天板の中心に置き、周りを小さなタイルで埋めて目地を調整。黒く塗装したフレームに清潔感のある真っ白いタイルが映える。モールディングによる縁取りもアンティーク感を高めるポイント。

Step 1

# フレームの組み立て

**Point**

一見するとパーツが多くて複雑そうだが、34ページの子ども机と同じで２つの四角い枠を桟でつなげているだけ。取っ手の側板は曲線で切り出し柔らかな印象に。側板に丸棒を通す穴をあけるときは2枚重ねて一気に貫通させると穴がずれにくい。バリが出ないように捨て板を敷くこと。

## 脚の上側を斜めにカット

脚㉗の一方の端を任意の角度で斜めにカットする。構造上必須ではないが、見た目がスマートになる（写真はスライド丸ノコを使用）。

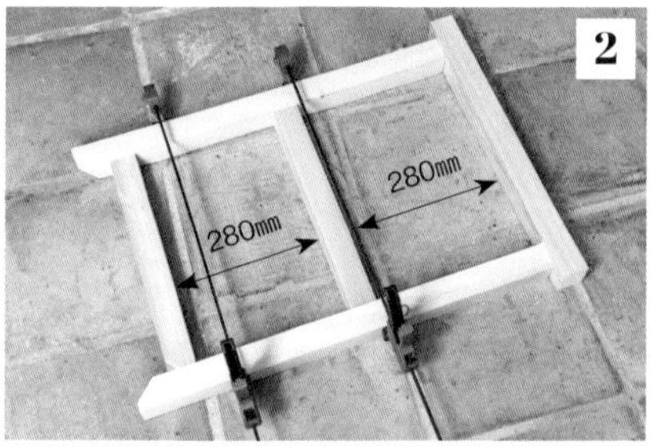


## 桟と脚を仮留めする

脚㉗、桟㉕、脚桟㉖を木工用接着材で接合し、日の字型の枠を組む。接着材が乾くまでハタガネでしっかり締める。

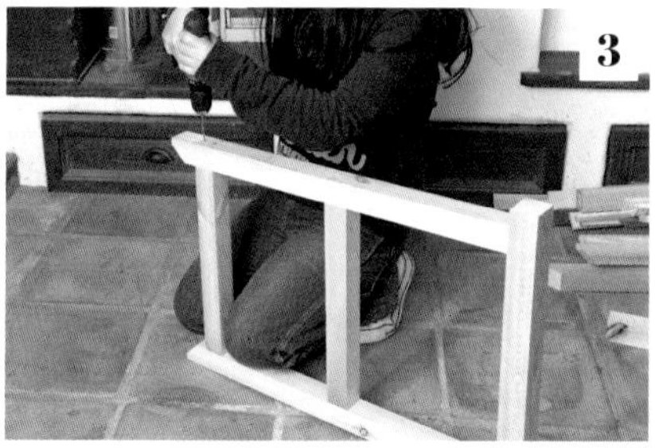


## 桟と脚をビスで固定する

木工用接着剤が乾いたらハタガネを外し、70㎜のスリムビス⑭で各パーツをしっかり固定する。日の字型の枠は2つつくる。

## ２つの枠を接合する

組立図を参考に2つの日の字形の枠を6本の桟㉔で接合する。木工用接着剤で仮留めしたあと、70㎜のスリムビス⑭で固定する。

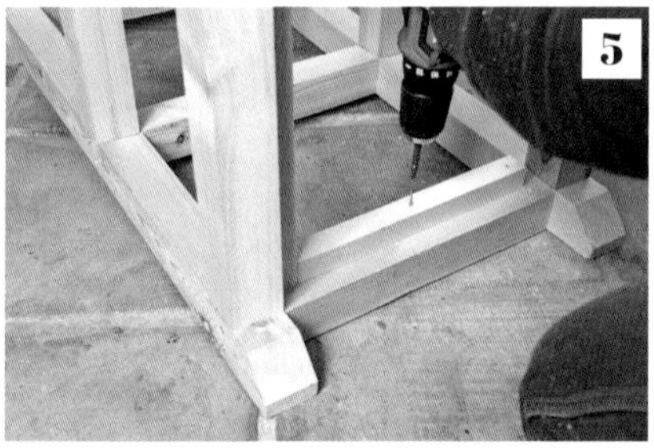


## 天板の受けを付ける

フレームの一番上の桟㉔㉕の内側に、天板の受け（長手、妻手）⑲⑳を38㎜の極細ビス⑮で固定する。

## 取っ手の側板をつくる

画用紙などで写真のような型紙をつくり、取っ手の側板⑫に形を写し取ってジグソーでカットする。

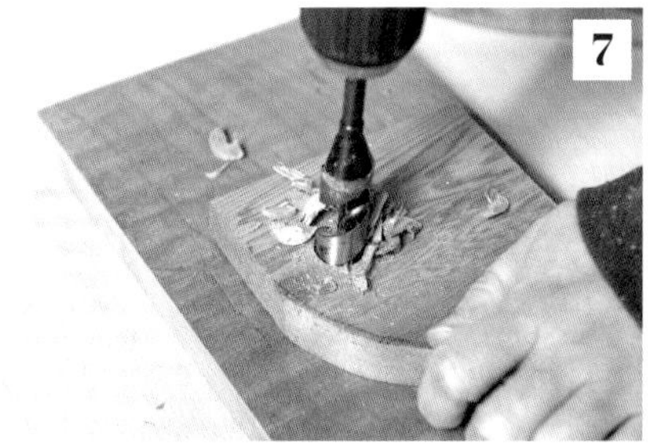


## 側板に穴をあける

**6**で切り出した2枚の側板を重ねて任意の場所に取っ手⑪を付ける穴をあける。3㎜の下穴をあけてから19㎜ドリルビットで穴を貫通させる。

## 取っ手に丸棒を付ける

取っ手の背板⑯に２枚の側板⑫を38㎜の極細ビス⑮で取り付け、**7**であけた穴に取っ手の丸棒⑪を通す。丸棒の長さは現物合わせでカットする。

## フレームに取っ手を付ける

**8**のパーツはフレームの一番上側の桟（短辺側）㉔に38㎜の極細ビス⑮で取り付ける。

**Step 2**

# 棚板を取り付け、天板にタイルを張る

**Point**

タイルは1枚のシートになっているので、必要な大きさに切り出して多用途接着剤で直接天板に張り付ける。タイル目地材は必要量をボウルなどの容器に出し、少しずつ水を加えて混ぜながらミソくらいの粘度にする。ヘラで目地に詰め、最後にウエスで拭き取る。フレームが目地材で汚れないようにマスキングテープを張ること。

### フレームを塗装する

フレームを黒のバターミルクペイントで塗装し、乾いたら角の部分にサンダーをかけて、実際に使い込んだように塗装を削り落とす。

### 棚板を付ける

棚板（両端）⑰をフレームと同じ色に塗装し、中段の桟（長辺側）㉕と脚桟㉖の上に38㎜の極細ビス⑮で取り付ける。棚板⑱は好きな色に塗装したあとサンダーをかけて、中段と下段の桟（短辺側）㉔に渡す。

### 棚板にステインを塗る

棚板⑱は38㎜の極細ビス⑮でフレームに固定したあとオイルステインを塗る。乾く前にウエスでさっと拭き取ると、塗装がかすれて歳月を経た雰囲気に。

### キャスターを付ける

脚桟㉖の四隅にトラスタッピングビス⑬でキャスター⑦を取り付ける。取っ手がある側にはロック機能のあるキャスターを付ける。

### 天板を取り付ける

天板㉓は天板受け（妻手・長手）⑲⑳に木工用接着剤で固定。モールディング（長手・妻手）㉑㉒は両端を45度でカットし、天板の周りに木工用接着材で張り付ける。

### タイルを張る

必要なサイズに切った大きなタイルシート⑥を天板の中心に、そのまわりを囲むように小さなタイルシート⑤を置き、多用途接着材で固定する。

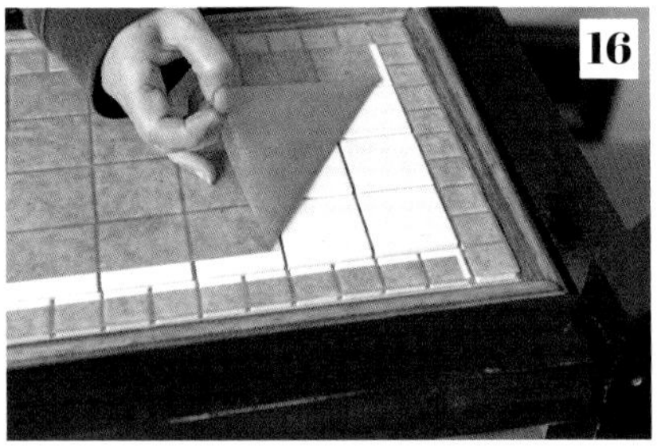


### タイルのシートを剥がす

接着剤が乾いてタイルが固定できたら、ハケでシートに水を含ませてのりを溶かし、手でゆっくりと剥がす。

### 目地材を塗る

タイルの周りにマスキングテープを張り、水で溶いた目地材をヘラでタイルの目地に塗りこむ。最後に余計な目地材をウエスで拭き取ったら完成。

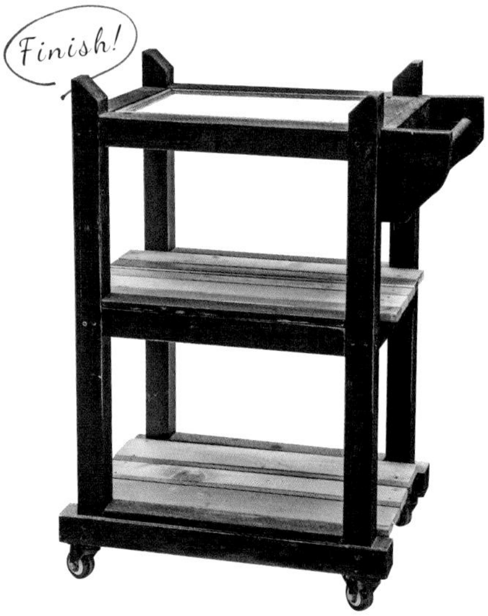

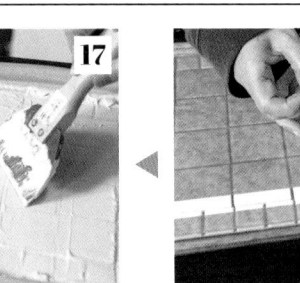

# ガラスを切ってつくる
# ステンドグラス

**DATA**　製作時間：4～5時間
材料費：3000円

ステンドグラスのつくり方は、群馬県の北軽井沢でDIYコテージ「つくつく村」を営む植木竹光さん、純恵さんご夫婦に教えていただきました。私の作品は木工が多いので、ガラスを組み合わせてデザインするステンドグラスは、いつか挑戦したいと思っていたんです。

ガラスを加工するために純恵さんが使っているのが手づくりの作業台です。四角い板の二辺に縁を付けたものですが、ガラスを固定でき、破片が飛び散るのも防げます。

ステンドグラスは曲線で描くと有機的な模様になりますが、初心者の私には曲線カットは難しいので、今回は直線で切ったガラスを組み合わせました。

ガラスを切るときは専用のガラスカッターで傷を付け、その部分を手で折って切り離します。最初は割ってしまいそうで怖かったんですが、すぐにコツをつかめました。カットしたガラスは切断面を磨いて、はんだで接着します。要は切って、つなぐだけ。何でも最初は不安がありますが、やってみると意外と簡単だったりするんですよね。

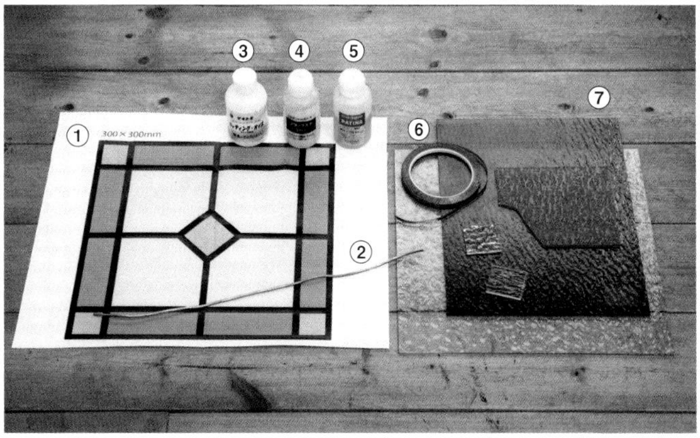


## 材料

① 原寸大の型紙
② 棒はんだ
③ ガラスカッター用カッティングオイル
④ フラックス
⑤ パティーナ
⑥ コッパーフォイル
⑦ ガラス

## 道具

L型定規、パターンハサミ、ガラスカッター、ガラスニッパー、ランニングプライヤー、ガラスルーター、はんだごて、真鍮ブラシ、フラックスブラシ、つげべら、油性ペン、マスキングテープ

## デザイン図

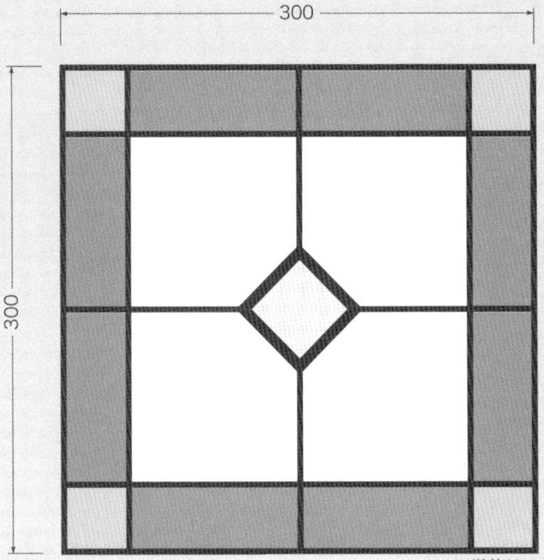

※単位は㎜

四角く切った4種類のパーツを組み合わせたシンプルなデザイン。外側にはブルーのガラスを使い、内側は質感の異なる透明なガラスをはめた。このデザイン図は切り取って拡大出力すればそのまま型紙として使える。

## Vintage Point

**立体的な作品も**

直線カットとはんだ付けの応用で、ガラスを立体的に組み合わせればこんなテラリウムも。屋根の小さなブルーのガラスがワンポイント。植木純恵さん作。

**はんだを味わい深く変色させる**

パティーナという薬剤を使うことではんだを黒や銅色、真鍮色など、さまざまな金属に模して変色させられる。時間が経過すると、経年でさらに色が深みを増し、自然な風合いに。

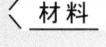

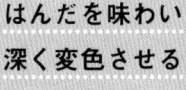

Step 1

# ガラスをカットしてパーツを切り出す

**Point**

ガラスをカットするときは定規を当ててガラスカッターで一直線に傷を付け、その部分を手で折るようにして切り離す。途中で止めたり、二度切りしたりするときれいに切り離せない。ガラスを扱うときはケガを防止するために必ず手袋をすること。

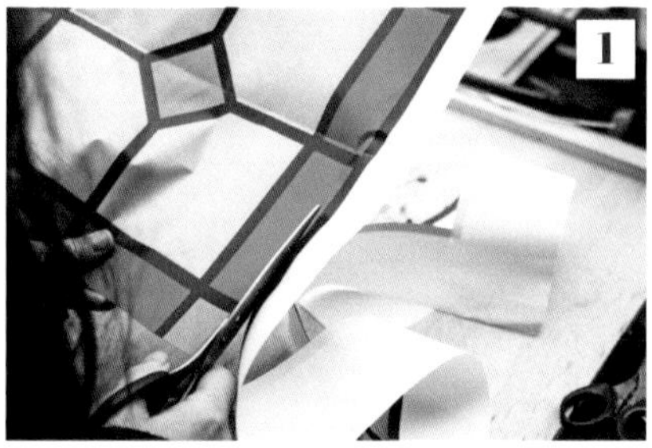


### 型紙を切り出す

型紙を原寸サイズに印刷し、パーツごとに切り出す。パターンハサミを使うと幅2mmのはんだ部分（デザイン図の黒い線）を切り抜ける。

### 型紙は４枚

今回は４つの形を組み合わせた図案なので型紙は４枚あればOK。それぞれの形のガラスが何枚必要なのか型紙にメモしておくとよい。

### ガラスに型紙を写し取る

ガラスのつるつるした面を上にして型紙を載せ、油性ペンで形を写し取る。

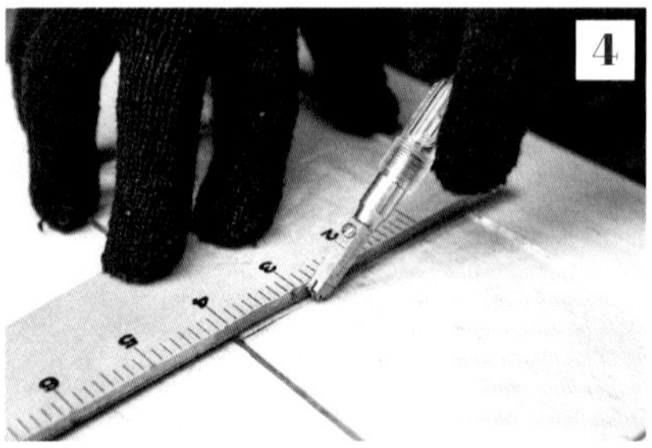


### ガラスに傷を入れる

**3**で写し取った線にL型定規を当ててカッティングオイル③を注入したガラスカッターで端から端まで傷を付ける。力を入れて1回でしっかり傷を入れる。傷が浅いと切り離しで失敗しやすい。

### ガラスを切り離す

ガラスを両手で持ち、少し力を入れて傷を入れた部分を切り離すように折る。きちんと傷が入っていれば線に沿ってきれいに切り離せる。

### ガラスニッパーで切る

ガラスカッターでは切れない細かい部分はガラスニッパーでカットする。切断面はやや粗くなるが、研磨すれば問題ない。

### ランニングプライヤーで切り離す

手でつかみにくい小さなパーツは、ランニングプライヤーを使うと簡単かつ安全に切り離せる。

### 切断面を整える

カットしたガラスの切断面をガラスルーターで整える。角も落としておく。細かい破片が飛び散るのでエプロンを着用すること。

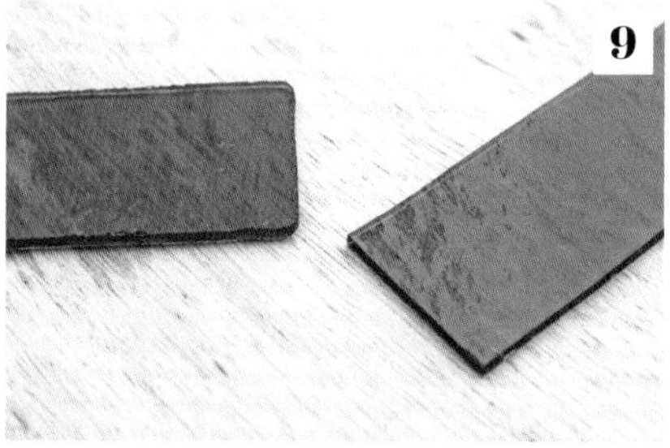


### ガラスを洗う

ガラスルーターで削る前のガラス（右）と削ったあとのガラス（左）。ガラスは破片を除去するために水で洗い、タオルで水気を拭き取って次の作業に進む。

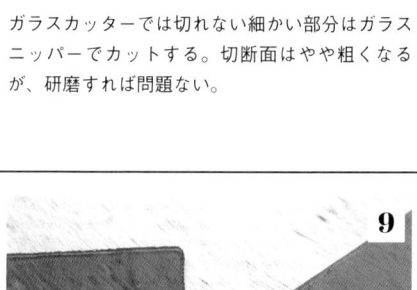

## Step 2

# はんだでガラスをつなぐ

**Point**

ガラスに直接はんだは付かないので、ガラスの周りにコッパーフォイル（銅製の粘着シート）を張り、はんだのなじみをよくするフラックス（促進剤）を塗って接合する。はんだの量が多いと溶けて裏面に落ちるので適量を溶かすように心がける。

10

### コッパーフォイルを張る

ガラスの側面にぐるりと一周コッパーフォイル⑥を張る。ステンドグラスの表になる面をやや多くはみ出させるのがコツ。合わせ目は1㎜ほど重ねる。

11

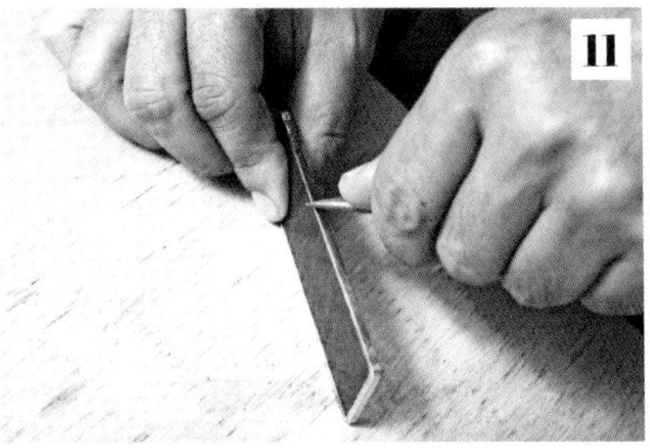

### コッパーフォイルを密着させる

コッパーフォイル⑥がガラスに密着するようにつげべらで押さえる。表面にはみ出させた部分は折ってガラスに付着させる。

12

### フラックスを塗る

ガラスをデザイン図のとおりに並べてマスキングテープで仮留めし、フラックスブラシ（筆でもOK）でコッパーフォイル⑥の表面にフラックス（促進剤）④を塗る。

13

### はんだ付けする

はんだごてで棒はんだ②を溶かしながら、ガラスを接合していく。直線部分は途中ではんだを止めないようにして一気に仕上げる。

14

### はんだで表情をつくる

つなぎ目が集中する部分ははんだを多めに溶かして盛り上げると、立体的になって表情に変化が出る。

15

### 裏面もはんだ付けする

ガラスをひっくり返して裏面もはんだ付けする。最後に台所用洗剤でフラックスや余分なはんだを洗い流す。

16

### パティーナを塗る

はんだ部分に真鍮色のパティーナ⑤を塗って真鍮ブラシで磨く。表裏ともに行う。

17

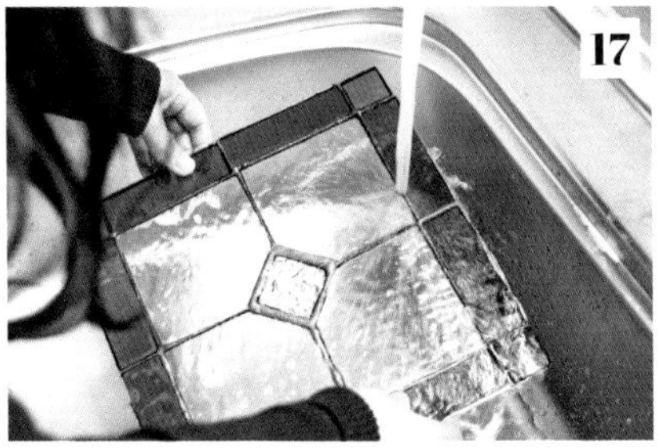

### 余分なパティーナを洗い流す

台所用洗剤ではんだからはみ出したパティーナを洗い流し、タオルで水気を拭き取ったら完成。

Finish!

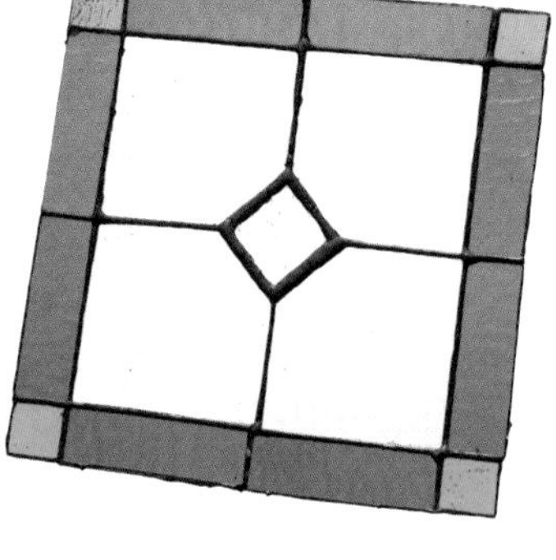

## 角度調整ができる
# 木製タブレットスタンド

**DATA** 製作時間：3～4時間
材料費：5000円

タブレットって持ち運びに便利ですけど、自立しないので棚や机に置きにくいんですよね。専用のスタンドが市販されていますが、毎日使うものなので本当に気に入ったものがいいと思い、私たちらしく木工でアンティーク風のスタンドをつくりました。

2枚の板を蝶番でつないだだけのシンプルな構造ですが、装飾にはちょっと力を入れています。タブレットを置く上板は革張り。その周りをチークやホオといった木肌のきれいな木材で縁取りして高級感を出しています。チークは本来高級家具などに使われる銘木ですが、小さなサイズなら安価に手に入ります。それをちょっとあしらうだけで、作品のクオリティがグッと上がるんです。

上板のベニヤと下板のSPFはそのままだと安っぽく見えるので、黒のバターミルクペイントで塗装して木目を消しました。蝶番とプレートにアンティーク品を使っているのもポイントです。

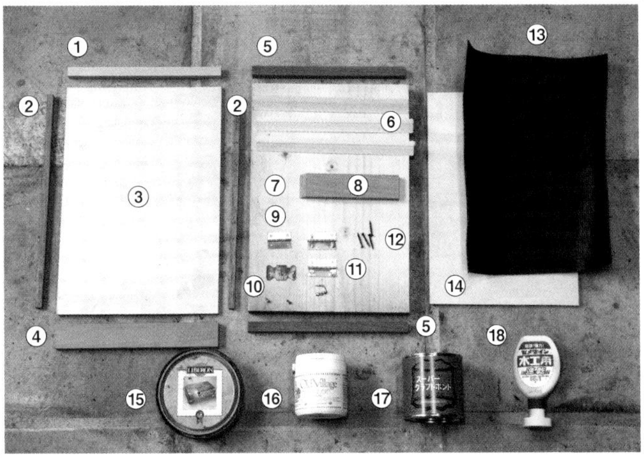

## 材料

① 上板の上縁　スギ（10×10×205㎜）×1本
② 上板の横縁　チーク（8×8×275㎜）×2本
③ 上板　シナベニヤ（5.5×205×295㎜）×1枚
④ 上板の下縁　ホオ（10×30×205㎜）×1本
⑤ 下板の縁　チーク（10×10×205㎜）×2本
⑥ 下板の桟　ヒノキ（15×15×20×205㎜）×3本
※断面が二等辺三角形の棒材
⑦ 下板　SPF（19×205×295㎜）×1枚
※1×8材から切り出した板
⑧ 脚　ホオ（10×30×130㎜）×1本
⑨ 蝶番（小）
⑩ アンティークプレート
⑪ 蝶番（中）
⑫ 極細ビス（20㎜）適宜
⑬ 牛革（1×210×300㎜程度）×1枚
⑭ 革の下地板　シナベニヤ（5.5×189×275㎜）×1枚
⑮ みつろうワックス
⑯ バターミルクペイント（黒）
⑰ クラフト用接着剤
⑱ 木工用接着剤

## 組立図

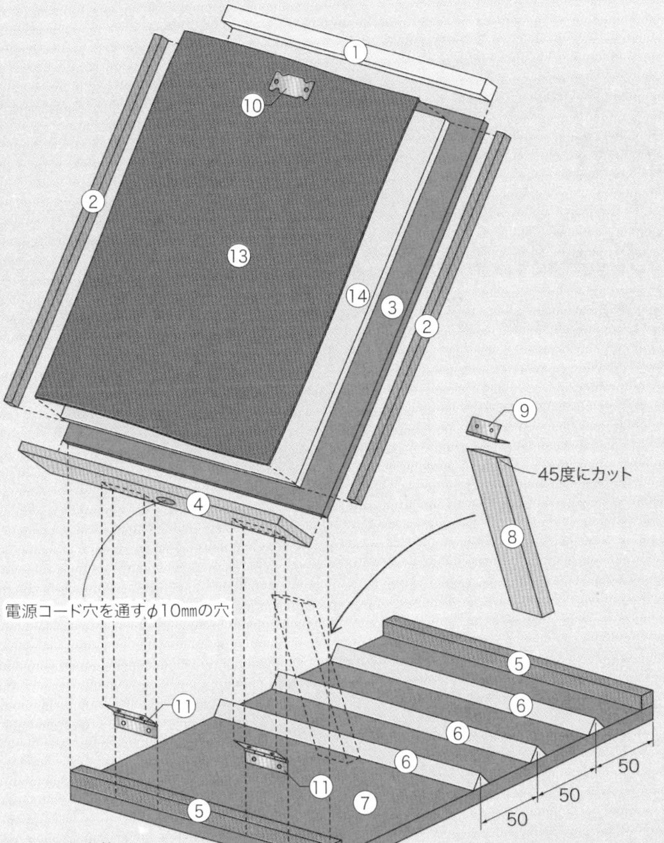


※単位は㎜

上板の脚は可動式になっており、下板の桟に引っ掛けて固定できる。桟の位置は好みでＯＫ。上板を倒すと下板の上下の縁が支えになって、脚と桟がその内側に納まる構造。

## 道具

カッター、メジャー、サシガネ、プロトラクター、ノコギリ、ドライバードリル、ドリルビット（10㎜）、ドライバー、サンドペーパー（120番）、サンダー、ウエス

## Vintage Point

**電源コードもスマートに**

タブレットを載せる板には電源コードを通すための穴があいている。上板にはレザーを張った。見た目はもとより、滑り止めやクッションとしての効果もある。

底板に桟木を3本渡してあり、上板の脚を引っ掛ける場所によってタブレットの角度を3段階に調整できる。脚をたためば上板と下板が重なって薄くなり持ち運びにも便利。

**3段階に角度調整可能**

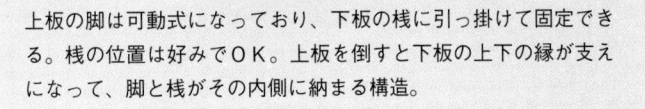

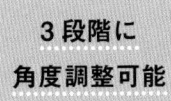

**Point**

革は下地板より少し大きめに切り出し、接着してから余計な部分を切り取る。クラフト用接着剤は下地板全面にたっぷり塗って、端までよく伸ばしておくこと。脚は一方の端を45度の角度でカットする。ガイドを当ててノコギリで丁寧に切り落とす。

## Step 1

# タブレットスタンドを組み立てる

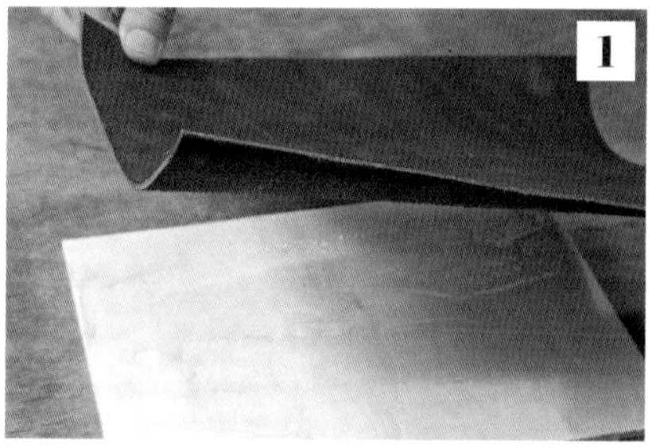


### 革を下地に接着する

クラフト用接着剤で革の下地板⑭に牛革⑬を接着する。乾くまで重しを載せて圧着する。乾いたら下地板からはみ出した革の余計な部分をカッターで切る。

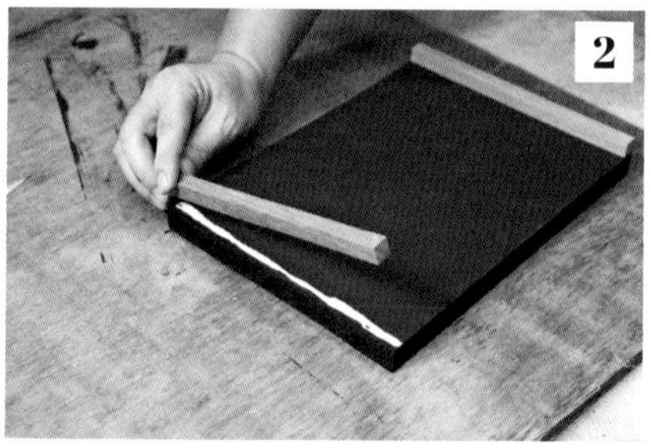


### 下板の縁を付ける

下板⑦はバターミルクペイントで塗装し、乾いたら上と下に木工用接着剤で下板の縁⑤を取り付ける。

### 下板に桟を付ける

下板の桟⑥にはみつろうワックスを塗り、乾いたら組立図を参考にして下板⑦に木工用接着材で取り付ける。

### 上板に縁を付ける

上板③を塗装し、乾いたら1の革の下地板⑭を接着する。周りには上板の上縁①、横縁②、電源コードを通す穴をあけた下縁④を木工用接着材で取り付ける。

### 下側の縁をビスで固定する

上板の下側の縁④は裏から20mmの極細ビス⑫で3〜4か所固定する。上と横の縁①②は特に力がかからないので、木工用接着剤のみでも大丈夫。

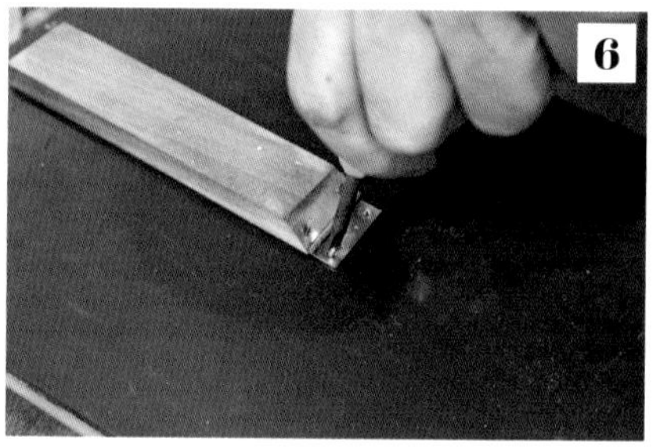


### 脚を付ける

脚⑧の一方の端を45度にカットし、組み立て図を参考に上板③の裏側に蝶番（小）⑨で取り付ける。

### 上板と下板を蝶番でつなぐ

革を張り、縁を付けた上板③と下板⑦を蝶番（中）⑪でつなぐ。ネジが小さいのでドライバーで手締めするのが確実。

### プレートを付ける

革の上部に真鍮製のアンティークプレート⑩を取り付けると、グッと高級感が出る。最後に軽くサンダーをかけて角を落としておく。

# いろいろ運べる木製ワゴン

**DATA** 製作時間：2～3日
材料費：1万5000円

アメリカで国民的な人気を誇る赤いワゴン「ラジオフライヤー」をモチーフに、それを木工で製作してみました。

前輪の可動部には回転台などに使われるボールベアリング回転盤を使いました。これによりスムーズなハンドリングを実現しています。タイヤは荷台に直接付けるのではなく、脚を設けることで車のリフトアップのように荷台が上がり、多少デコボコした地面でも移動しやすくなっています。

ハンドルはスコップの柄を流用。屋外で使うことを想定して、荷台の底板には耐水ベニヤを使用しました。水抜き穴をあけるのを忘れないでくださいね。底板の上には端材をすのこにして並べています。フェンスを立ち上げて積載性もアップ。アメリカの牧場を思わせるカントリーテイストが気に入っています。

パーツが多く難易度は高いですが、DIYの腕が上がったらぜひ挑戦してみてください。ちょっとした荷物を運ぶだけじゃなく、プランターを並べたりしてもかわいいですよ。

## 脚部パーツの木取り図

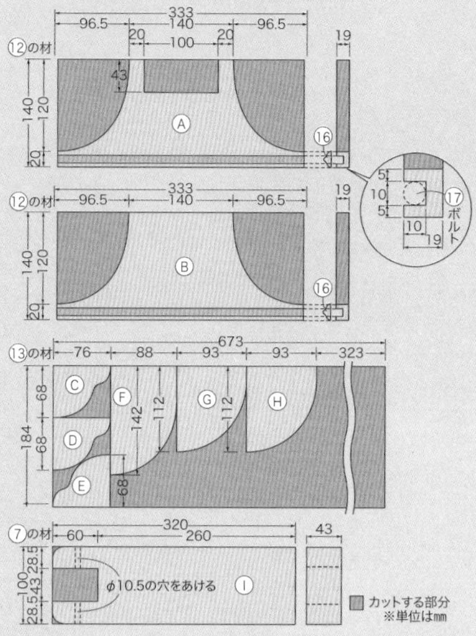


## 脚部の組立図

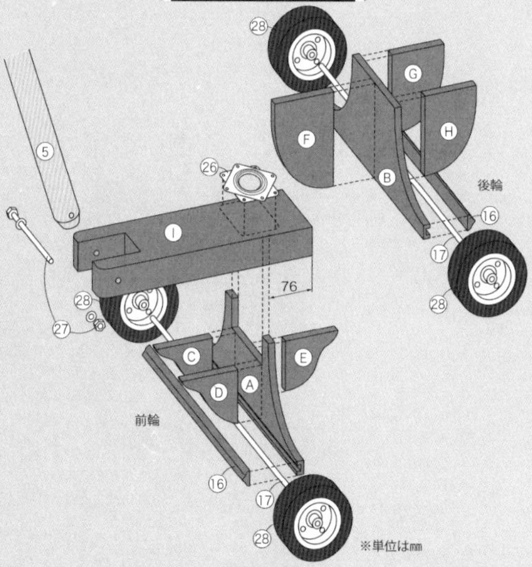


## 道具

メジャー、サシガネ、ノコギリ、丸ノコ、ジグソー、丸ノコガイド、トリマー、ハタガネ、ドライバードリル、ドリルビット（4㎜、10.5㎜）、ノミ、スパナ（8㎜、12㎜、17㎜）、プラスドライバー、サンドペーパー（80番）、サンダー、ハケ、筆

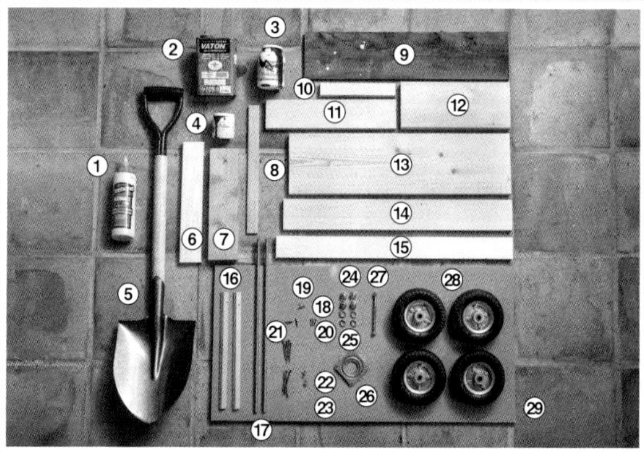

## 組立図

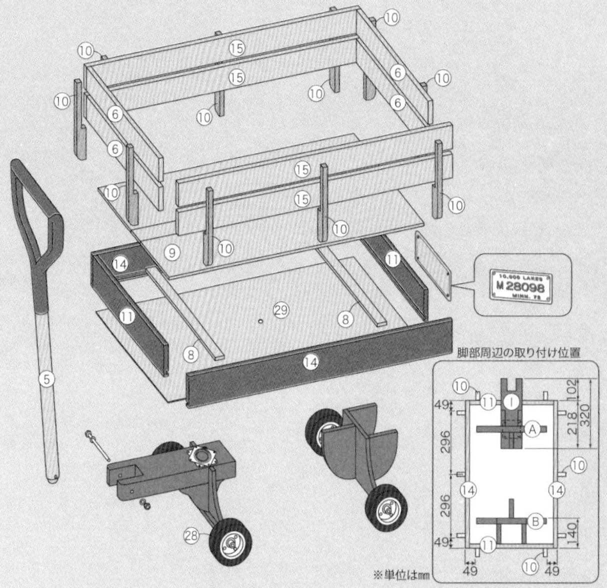


使い勝手はもとよりデザインにもこだわった結果、曲線パーツが多くなっている。材料の切り出しに１日かけるくらいの気持ちでじっくり作業に取り掛かろう。荷台は側板に溝を切って底板をはめるなど、加工もやや複雑。部屋に置いて使う家具と違い、物を載せて移動させる道具なので、各材料はビスでしっかりと固定し、強度を高めている。

## 材料

①　木工用接着剤
②　オイルステイン（ミディアムブラウン）
③④　バターミルクペイント（赤、黒、白）
⑤　持ち手　スコップ
⑥　フェンス（前板、背板）　SPF1×3（19×63×438㎜）×4枚
⑦　脚部の軸　米松（43×100×320㎜）×1枚
⑧　すのこの桟　スギ（12×33×388㎜）×2枚
⑨　すのこの底板　端材（厚さ12、長さ640㎜）必要なだけ※幅は適宜
⑩　フェンスの桟　SPF1×2（19×38×230㎜）×10枚
⑪　荷台の前板・背板　SPF1×4（19×89×400㎜）×2枚
⑫　脚部（横板）　ヒノキ（28×140×333㎜）×2枚
⑬　脚部（縦板）　SPF1×8（19×184×673㎜）×1枚
⑭　荷台の側板　SPF1×4（19×89×690㎜）×2枚
⑮　フェンス（側板）　SPF1×3（19×63×728㎜）×4枚
⑯　モールディング（12×22×333㎜）×2本
⑰　タイヤの軸　寸切りボルト（M10×500㎜）×2本
※購入店で１mのものを半分にカット
⑱　極細ビス（22㎜）適宜
⑲　なべ小ネジ（20㎜）×4本
⑳　ミニビス（38㎜）適宜　㉑　スリムビス（70㎜）適宜
㉒　六角ナット（M4）×4個　㉓　ワッシャー（M4）×4個
㉔　袋ナット（M10）×4個　㉕　ワッシャー（M10）×4個
㉖　ボールベアリング回転盤　×1枚
㉗　六角ボルト、ワッシャー、ナット（M8×110㎜）×1セット
㉘　パンクレスタイヤ×4個
㉙　底板　耐水ベニヤ（12×600×910㎜）×1枚

Step 1

# 脚部のパーツを切り出して、組み立てる

**Point**

荷台は側板の内側に溝を切って底板をはめる。トリマーがあると簡単に溝が刻めるが、ない場合は丸ノコで切り込みを入れてノミでさらう。脚部の曲線パーツは、型紙をつくって板に写し取る。曲線は雲形定規や丸い缶などを使うときれいに描ける。

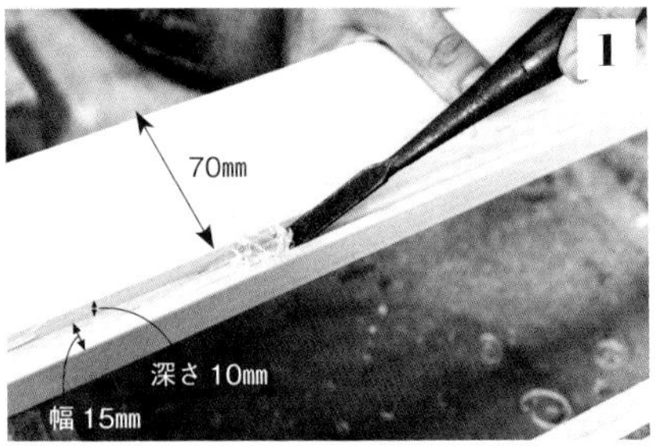


### 側板に刻みを入れる

荷台の前板・背板⑪、側板⑭にトリマーで幅15mm、深さ10mmの溝を掘り、ノミで整える。トリマーがない場合、丸ノコで切り込みを入れてノミでさらう。

### 荷台を組み立てる

底板㉙を420×672mmにカットして**1**で刻んだ溝にはめ込み、前板・背板⑪、側板⑭を木工用接着剤で仮留めしたあと、70mmのスリムビス㉑で接合する。

### 側板を塗装する

**2**で組み立てた荷台は角をサンダーで落とし、全体を赤のバターミルクペイントで塗装する。

### 脚の横板を切り出す

木取り図を参考に脚部（横板）⑫に**1**と同様の方法で幅10mm、深さ10mmの溝を刻み、ジグソーでⒶⒷのパーツを切り出す。

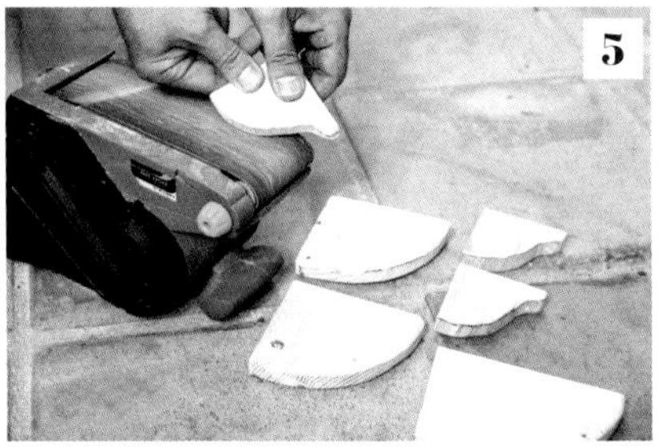


### 脚の縦板を切り出す

木取り図を参考に脚部（縦板）⑬から、ジグソーでⒸ〜Ⓗのパーツを切り出す。切り出したパーツはサンダーをかけて角を落としておく。

### 脚部の軸を加工する

木取り図を参考に脚部の軸⑦に持ち手のスコップ⑤を取り付けるための切り欠きをジグソーで刻む。側面にはスコップを固定する六角ボルト㉗を通す直径10.5mmの穴をあける。

### タイヤの軸を取り付ける

切り出した脚のパーツを塗装する。脚部の横板ⒶⒷの溝にはタイヤの軸⑰をはめ、モールディング⑯を被せて木工用接着剤と22mmの極細ビス⑱で固定する。

### 脚部の組み立て

脚部の組立図を参考にⒶ〜Ⓗのパーツを木工用接着剤で仮留めし、38mmのミニビス⑳で固定する。

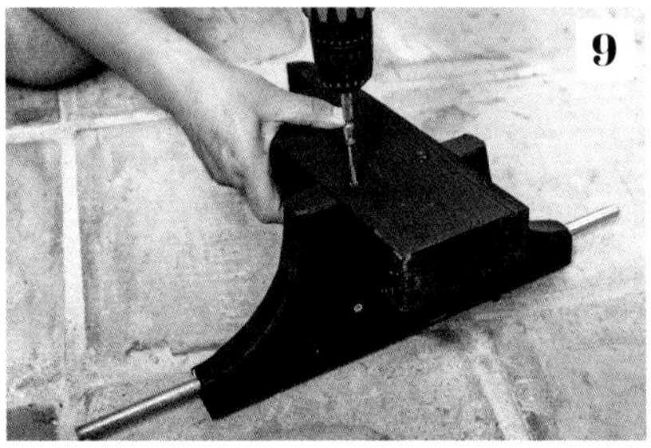


### 脚部の軸を取り付ける

脚部の組立図を参考にⒶのパーツに脚部の軸⑦を70mmのスリムビス㉑で取り付ける。

## Step 2

# 荷台に脚部を取り付ける

**Point**

荷台にボールベアリング回転盤を固定するためのなべ小ネジは、脚部の軸に回転盤を固定する前にネジ穴に通しておく。持ち手にはスコップの柄を使用したが、丸棒をT字に組むなどして代用したり、廃材などがあればそれを利用したりしてもよい。

10

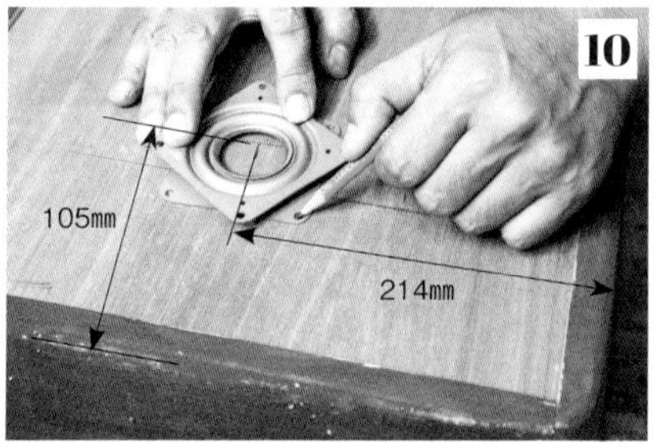


### 荷台に回転盤の下穴をあける

**3**で組んだ荷台の底にボールベアリング回転盤㉖を当てて取り付け位置を確認し、なべ小ネジ⑲を通す下穴を4mmのドリルで開ける。

11

### 回転盤を取り付ける

脚部の組立図を参考に、なべ小ネジ⑲をボールベアリング回転盤㉖に差した状態で、22mmの造作用ビス⑱で脚部の軸⑦に取り付ける。

12

### 前脚を付ける

前脚は荷台の内側から**11**で通したなべ小ネジ⑲にワッシャー㉓をはめて六角ナット㉒で固定する。後ろ脚は組立図を参考に木工用接着剤で荷台の裏に仮留めする。

13

### 後脚を付ける

仮留めした後ろ脚は、荷台の内側かから70mmのスリムビス㉑で固定する。

14

### 水抜き穴をあける

底板㉙の任意の場所に10.5mmのドリルで水抜き穴をあける。一方から貫通させるとバリが出るので、裏側にドリルの先端が見えたら一度ドリルを抜いて裏から貫通させる。

15

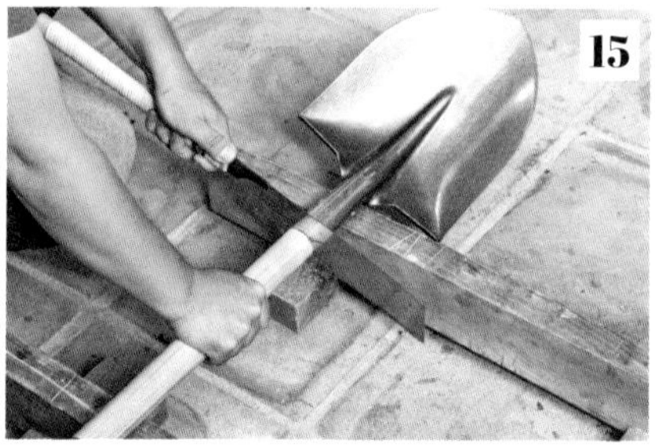

### 持ち手を加工する

持ち手のスコップ⑤は、不要な剣先をノコギリでカットし、柄の切断面はサンダーをかけて整える。

16

### スコップの柄に穴をあける

スコップ⑤の柄の先端に10.5mmのドリルで穴をあける。穴をあける位置は脚部の軸⑦に現物合わせで決める。

17

### 持ち手を取り付ける

110mmの六角ボルト㉗で脚部の軸⑦に持ち手のスコップ⑤を取り付ける。

18

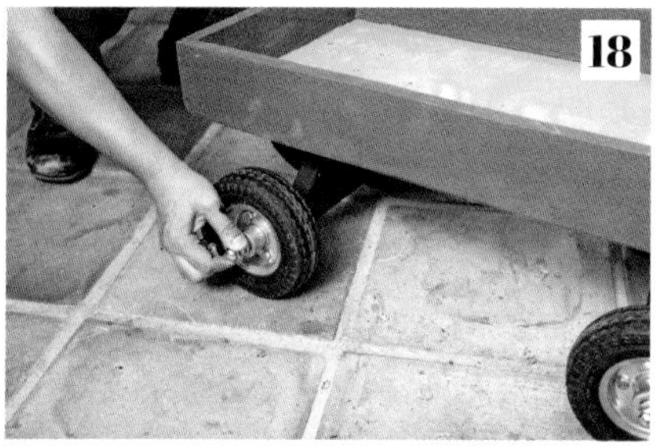

### タイヤを取り付ける

タイヤの軸⑰にパンクレスタイヤ㉘を通し、ワッシャー㉕をはめて、袋ナット㉔で固定する。

# Step 3

## フェンスの取り付けと装飾

**Point**

フェンスの桟はSPF1×2を切り欠いてつくる。切り欠きは丸ノコである程度カットし、仕上げをノコギリで切り離すとよい。見た目を重視した加工でやや手間がかかるため、フェンスのサイズを調整して切り欠きなしで取り付けることも可能。

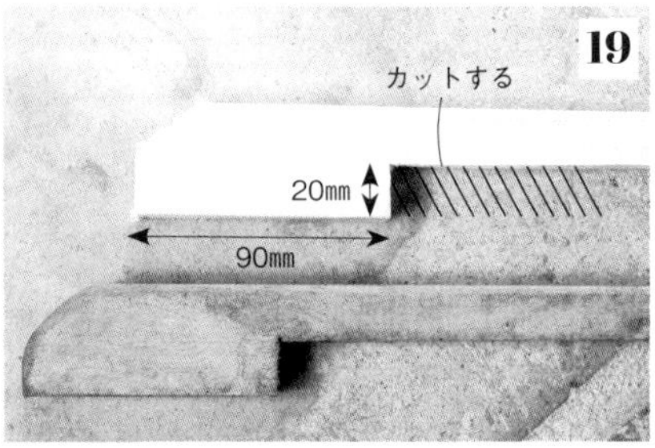


### フェンスの桟を加工する

フェンスの桟⑩は写真の寸法でカットする。角の部分は任意の角度で落とし、サンダーで削って丸く整える。オイルステインを塗って仕上げる。

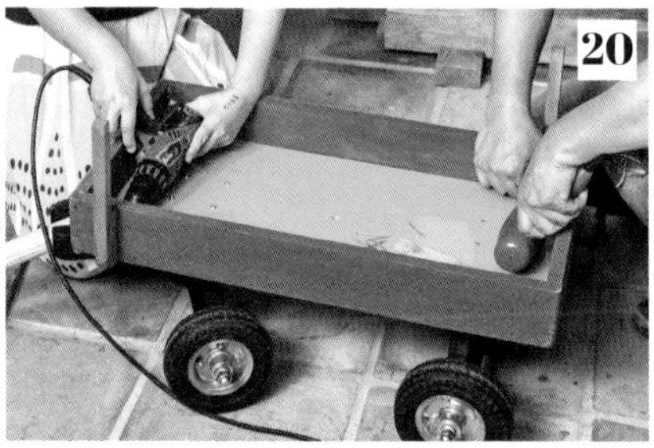


### フェンスの桟を固定する

組立図を参考にフェンスの桟⑩を38㎜のミニビス⑳で荷台の内側から固定する。

### フェンスを取り付ける

フェンス（前板・背板、側板）⑥⑮にオイルステインを塗り、38㎜のミニビス⑳でフェンスの桟⑩に固定する。

### すのこを敷く

すのこの桟⑧に木工用接着剤を塗布し、荷台の底板㉙の任意の場所に張り付ける。その上にすのこの底板⑨を並べる。

### 文字をデザインする

バターミルクペイントで荷台の側面に文字や数字を書き込む。ステンシルシートを利用するのもあり。ステッカーを張るなどのアイデアも。

### ナンバープレートの取り付け

海外の古いナンバープレートを取り付けてカントリーテイストをアップ。市販品にはないオリジナリティを演出する。

丸林さんちの
DIYコレクション
03

丸林さんちがおすすめする

# あると絶対便利な３つの道具

DIYで最初に揃えておきたい基本の道具については80ページで紹介していますが、
それ以外にも、“本当に買ってよかった！”と思うプラスアルファの便利道具があります。

## スライド丸ノコ

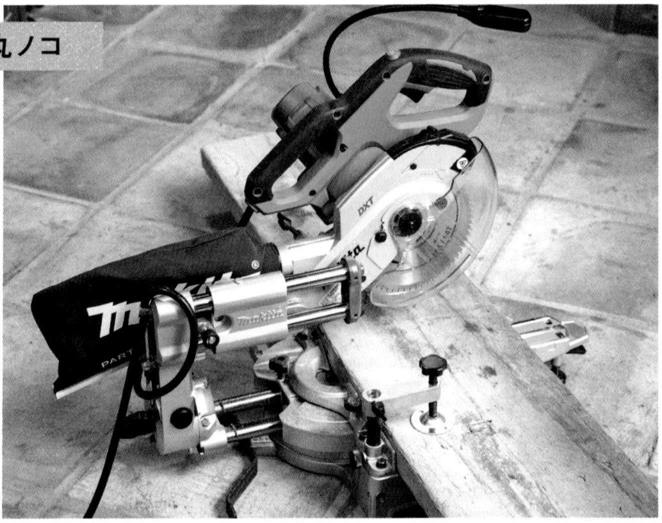

作業台と丸ノコが一体になっているのが特徴で、回転するノコ刃をスライドさせて作業台に置いた材料を正確に素早く切断できます。手持ちの丸ノコに比べて格段に安全なので、丸ノコが怖いという女性にもおすすめ。角度切りや斜め切りも簡単で、ノコ刃の深さを調整すれば溝も掘れます。スライド丸ノコがあるとDIYの腕が一気にアップしますよ。

## ベルトサンダー

ベルト状のヤスリを高速回転させて材料を研磨する道具です。通常のサンダーより圧倒的に研磨が早く、作業台などに置いて卓上サンダーとしても使えます。木材の角を落としたり、広い面を削ったりするときにとても便利。うちでは荒削りにベルトサンダーを使用し、仕上げは普通のサンダーというように使い分けています。

## インパクトドライバー

打撃を加えながら力強くビスを打ち込む道具です。家具づくりではドライバードリルを使うことが多いのですが、小屋の建築で長いビスを打ち込むときには、パワーのあるインパクトドライバーを使います。ドライバードリルと同じようにビットを交換すればドリルとしても使用できます。DIYに慣れた人はインパクトドライバーを使っている人が多いです。

### インパクトドライバーとドライバードリルの違いは？

**インパクトドライバー**

◇ 負荷がかかると回転方向に打撃が加わる。長いビスを力強く締め付けられる。
◇ ビットの取り付けはワンタッチのスリーブ式で、六角軸に対応。丸軸のビットはアタッチメントが必要。

**ドライバードリル**

◇ 用途に合わせてネジ締めの強さを調節できる（トルク調節）。設定以上のトルクがかかるとクラッチが効いてそれ以上回らなくなるので、ネジを締めすぎる心配がない。
◇ ビットは先端部を回して固定する。丸軸、六角軸の両方に対応。

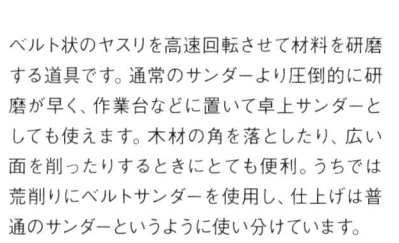

Part 4

# DIYの基本

## ― 材料、道具、テクニック ―

ここでは、本書で使う主な材料と必要な道具に加え、基本のテクニックを紹介。木材を切る、つなぐといった簡単な作業も安全な方法と作品をきれいに仕上げるコツがあるので、しっかりマスターしましょう。

# この本で使う基本の道具

DIY を始めるにあたって、最初に揃えておきたい道具です。電動工具はドライバードリル、ジグソー、サンダーの３つがあれば、つなぐ、切る、削るの基本作業が効率的にできます。

## 測る道具 ▸▸

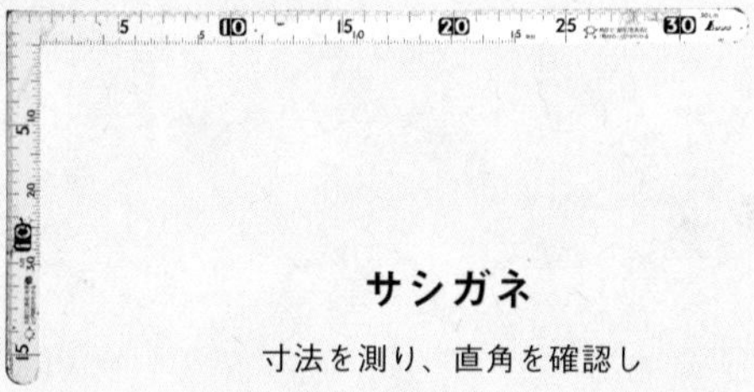

### サシガネ

寸法を測り、直角を確認して、線を引くためのL字型定規。長い方を長手、短い方を妻手という。

### メジャー

長さ2〜5mほどの金属製の巻き取り式テープで、長い材料の寸法を測るときに使用する。

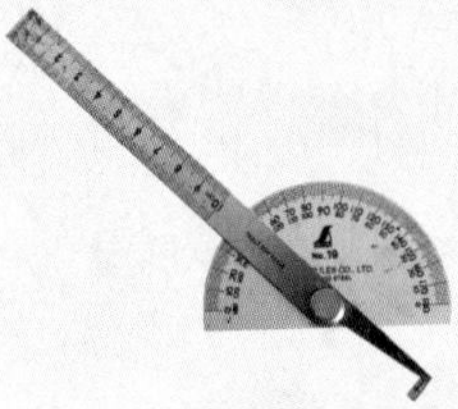

### プロトラクター

金属製の分度器に稼働する竿が付いた道具。角度を付けて線を引くときに使用する。

## 切る道具 ▸▸

### 丸ノコ

回転する丸いノコ刃で木材をカットする。ジグソーより素早く正確に直線が切れるため、慣れると使いやすい。

### ジグソー

上下運動するブレードで木材や金属をカットできる。直線も曲線も切れるのが特徴。丸ノコに比べて危険性が少ない。

### 丸ノコガイド

木材に当てたガイドに沿って丸ノコやジグソーを走らせると正確に直線が切れる。角度調整できるフリーガイドなら斜め切りも容易。

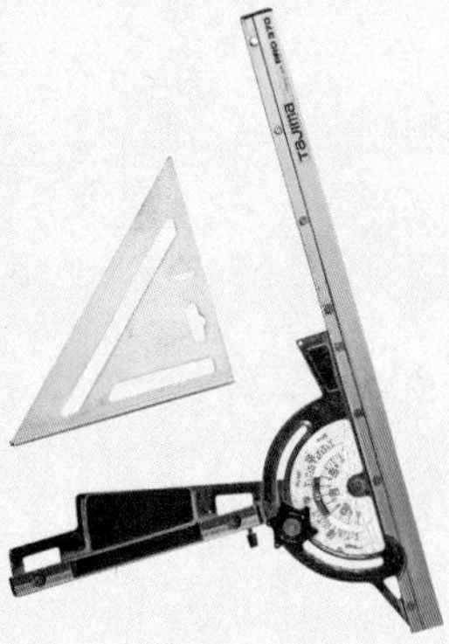

### ノコギリ

横引き、縦引き、斜め切りに対応した替え刃式の片刃ノコギリが万能で使いやすい。

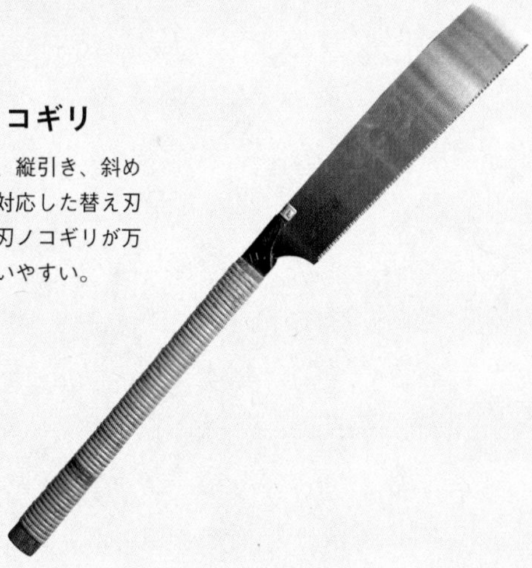

## つなぐ道具、穴をあける道具▸▸

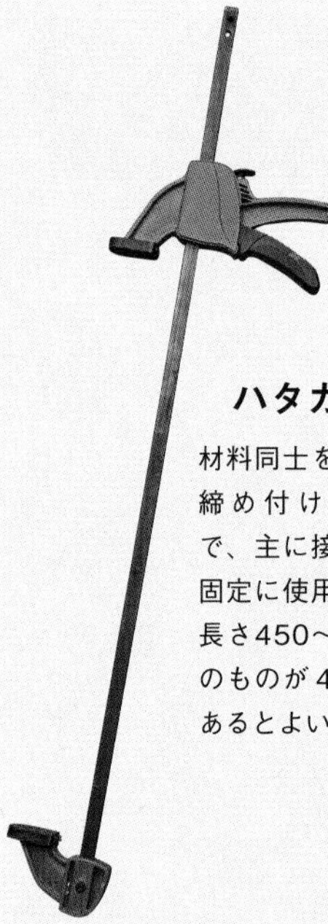

### ハタガネ

材料同士を挟んで締め付ける道具で、主に接着時の固定に使用する。長さ450〜600㎜のものが４本以上あるとよい。

### ドリルビット、下穴ドリル

ドライバードリルやインパクトドライバーで穴あけするときに使用する。用途によって軸やドリルの形状が異なる。

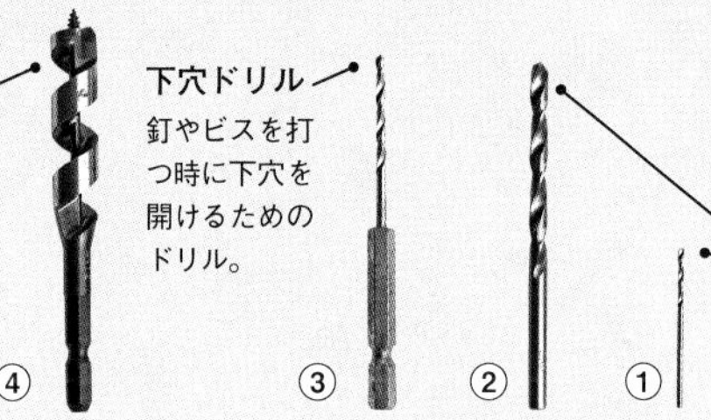

**木工用ドリル**
先端がキリになっていて木材にきれいに穴があけられる。

**下穴ドリル**
釘やビスを打つ時に下穴を開けるためのドリル。

**金属用ドリル**
先端が鈍角の刃になっている。木工にも使えるが、仕上がりは粗い。

④ ③ ② ①

**③④六角軸**
インパクトドライバーにもドライバードリルにも装着できる。

**①②丸軸**
ドライバードリル用の軸。インパクトドライバーに装着する場合はアタッチメントが必要。

### ドライバードリル

ビス打ちに使用する。ダイヤルでビスの締め付け強さを調節でき、先端のビットを交換すれば穴あけもできる。

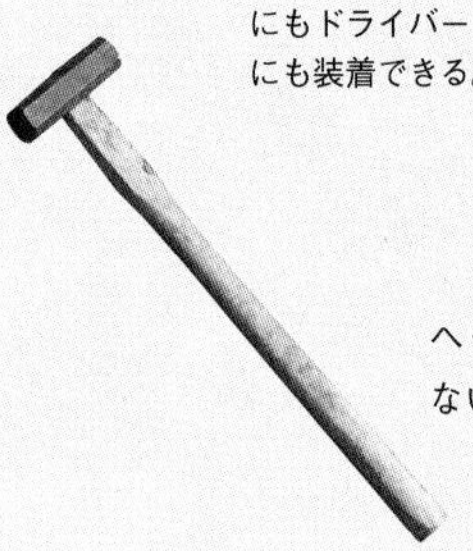

### カナヅチ

ヘッドが重いほうが力はあるが、重すぎると安定しない。初心者には200g程度のものが使いやすい。

## 削る道具▸▸

### トリマー

溝を掘るときに使用する電動工具。ビットを交換することで、さまざまなサイズや形の溝切りができる。

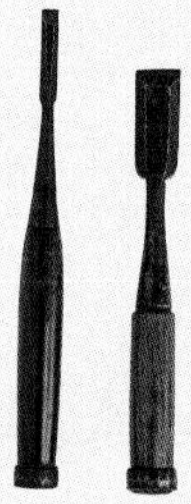

### ノミ

本格的な家具では木組みの加工に欠かせない道具だが、本書では溝を掘るときに使用する。

### サンドペーパー

目の粗さを番手といい数字で表される。数字が小さいほど目が粗くなる。80〜240番をよく使う。

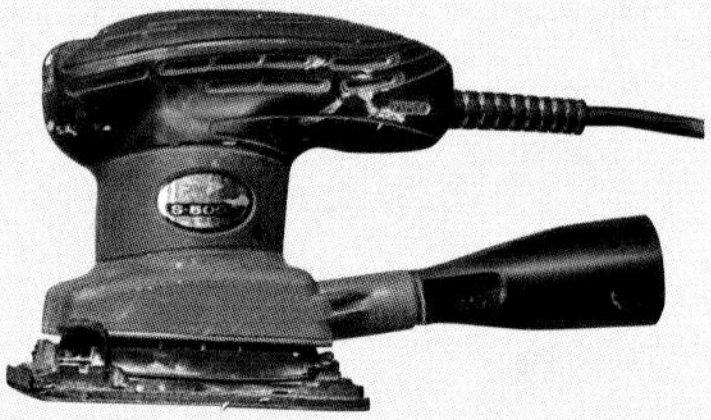

### サンダー

底部に装着したサンドペーパーを小刻みに振動させて、木材や金属を研磨する電動工具。

## 塗る道具▸▸

### ウエス

余分な塗料を拭き取ったり、木材になじませたりするために使用する布。着古したTシャツやコットンの布きれでよい。

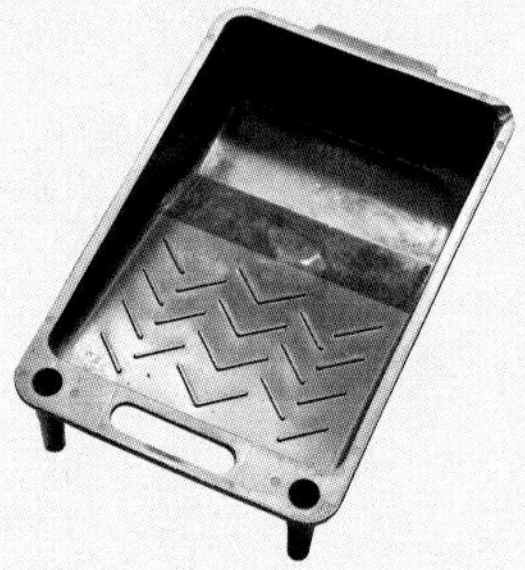

### トレイ

塗料を混ぜるときに使う容器。100円ショップの皿や椀なども利用できる。

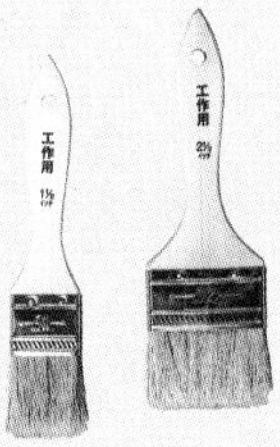

### ハケ

塗料の種類によって適した毛質や形状が異なるので、用途によって使い分けるとよい。細部の塗装には筆が向く。

# この本で使う基本の材料

ここでは本書で使う主な木材や金物を紹介します。いずれもホームセンターで手に入るDIYの最も基本的な材料です。ビスや木材はいろいろなサイズがあるので、つくるものに合わせて入手しましょう。

## 木材▶▶

木材には無垢材と合板や集成材などの加工材があります。決まった規格があるので覚えておくと便利です。ホームセンターで必要なサイズにカットしてもらうこともできます。

| ツーバイ材の種類 | 断面寸法（㎜） |
|---|---|
| 1 × 2 | 19 × 38 |
| 1 × 3 | 19 × 63 |
| 1 × 4 | 19 × 89 |
| 1 × 6 | 19 × 140 |
| 1 × 8 | 19 × 184 |
| 2 × 2 | 38 × 38 |
| 2 × 4 | 38 × 89 |
| 2 × 6 | 38 × 140 |
| 2 × 8 | 38 × 184 |

### SPFツーバイ材

2×4工法と呼ばれるアメリカの建築工法に使われる規格材。SPFというのはスプルース（ベイトウヒ）、パイン（マツ類）、ファー（モミ類）の略称で、見た目や性質が似ているためまとめて製材され、そのいずれかが使われている。

### ベニヤ、合板

丸太をかつら剥きのようにして切り出した薄い単層の板がベニヤ。ベニヤを複数枚張り合わせて厚みをもたせたのが合板。無垢材では取りにくい広い面が必要なときに重宝する。

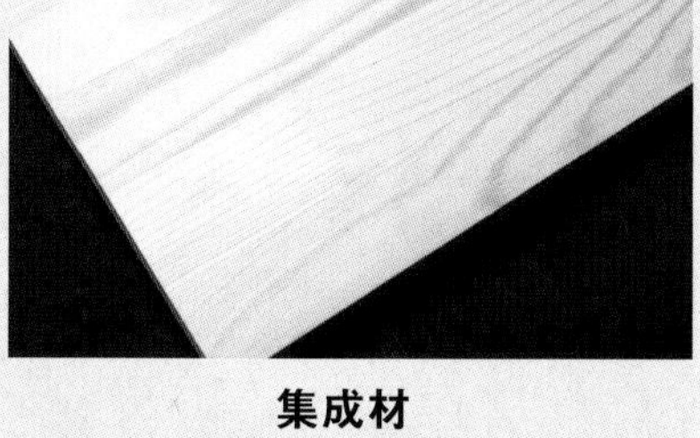

### 集成材

断面寸法の小さな角材をつなぎ合わせて一枚の板に加工したもの。無垢材に比べて反りや狂いが少ない。合板と同じように広い面をとるのに便利。

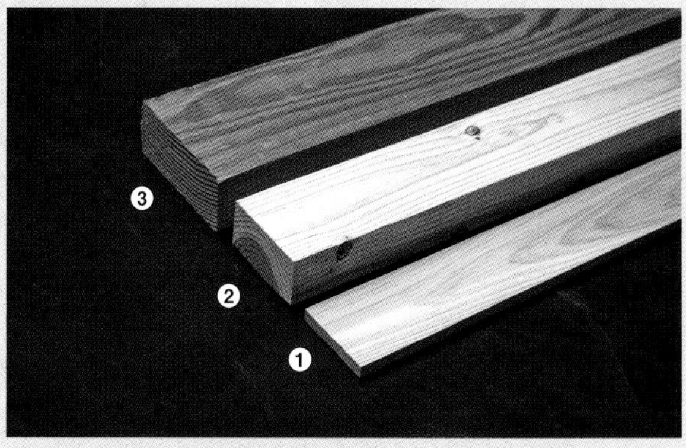


①ヒノキ
全体に黄白色で木肌は緻密。耐水性、保存性に優れ、香りもよい。

②スギ
辺材は白色で、芯は赤みを帯びる。柔軟で加工しやすい。

③マツ
辺材は黄白色、芯材は赤みを帯びる。強度、耐久性に優れる。

### スギ、ヒノキ、マツ

いずれも日本の代表的な樹種で、昔から建築や家具に使われてきた。特にスギはホームセンターでの取り扱いも多く、安価で加工のしやすいことからDIYでも定番の木材。

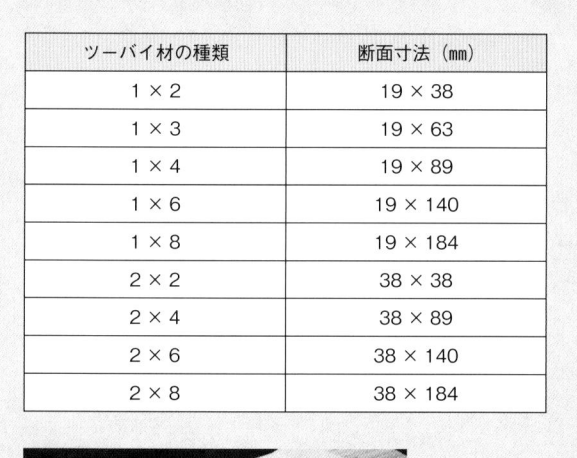

## 丸棒、モールディング

凹凸に加工された細長い装飾材をモールディングといい、作品にアンティーク感と高級感を醸し出す効果がある。丸棒は断面が丸い円柱型の棒。取っ手や棚の支えなどいろいろ使える。

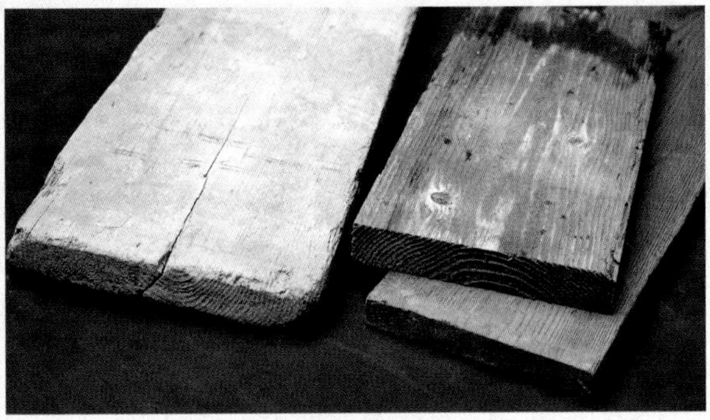

## 古材、廃材

建物の解体で出た古材や使い古された建築用の足場板などがホームセンターやインターネットで手に入る。実際に使用されてできた傷や色あせた木肌に独特の風合いがある。

---

# 金物▶▶

ビスを使えば簡単に素早く木材同士を接合できます。見た目を重視したいときは釘がおすすめ。材の厚みや必要な強度なども考えて、適材適所の金物を使いましょう。

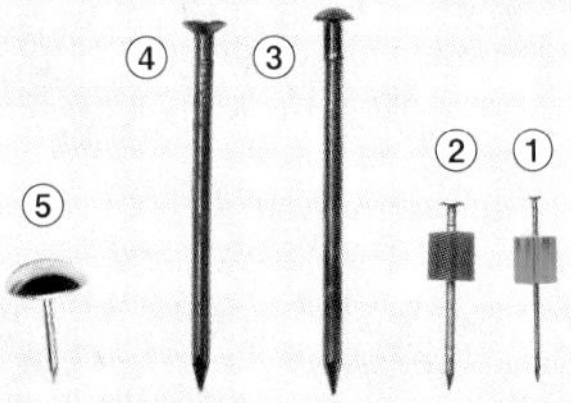


### 釘

カナヅチで打ちこむ最も基本的な接合材料。ビスに比べて見た目はよいが、接合力が弱いので接着剤との併用が基本。

**①仮釘**
接着材を塗った材同士を仮留めするための釘で、接着剤が乾いたら樹脂部をペンチでつかんで抜く。

**②隠し釘**
接合後に樹脂部分をさらうと頭がとれる。釘のあとを見せたくないときに使用する。

**③真鍮釘**
真鍮でできた釘で頭が丸く加工されていて見た目がいいので、装飾にも用いられる。

**④丸釘**
通常、釘といった場合、これを指す。素材は鉄、ステンレス、銅などさまざま。

**⑤太鼓鋲**
頭部が半球型の装飾用の釘。接合力はほとんどなく、ビスの頭を隠すために使用する。

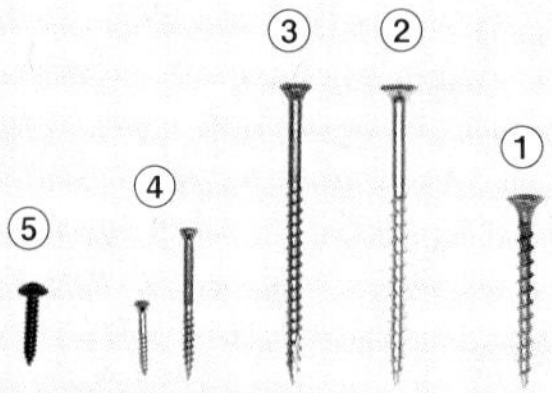


### ビス

木工用のネジで、ドライバードリルやインパクトドライバーを使って材料同士を簡単に、かつ強固に接合できる。

**①コースレッド（全ネジ）**
先端からネジ頭まで全体がネジになっている。半ネジや接着剤で接合した材の補強に使用する。

**②コースレッド（半ネジ）**
一般にビスといえばこれを指す。全体の半分までネジが切ってあり、木材同士を強固に接合する。

**③スリムビス**
ネジ頭が小さく、コースレッドに比べて軸が細い。木割れしにくいように先端が鋭く加工されている。

**④ミニビス・極細ビス**
細工用のネジ。スリムビスよりさらに細く接合力は弱いが、ネジ頭が小さいので施工後も目立たない。

**⑤トラス頭ビス**
ネジ頭が丸い形をしており、仕上がりであえてビスを見せるときに使用する。通常のビスのように木材に食い込まない。

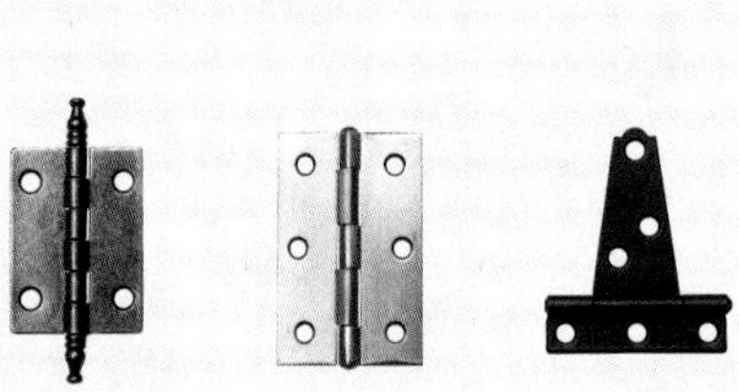

### 蝶番

扉やふたの開閉に使用する。種類によって開閉の仕方や用途が異なるが、本書では最も一般的な平蝶番を使用している。

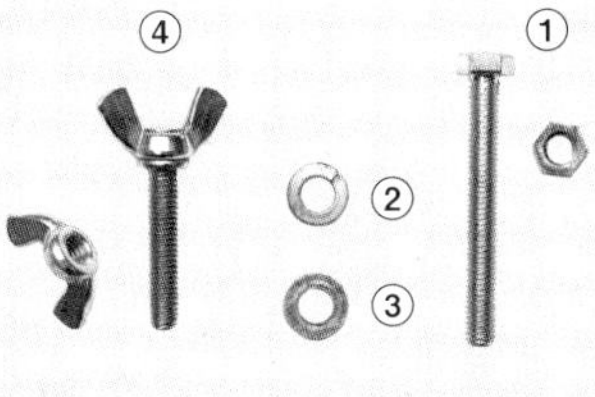


### ボルト・ナット類

ネジが切られた棒に頭がついているのがボルト（雄ネジ）。それと組み合わせて使う筒状の雌ネジがナット。ネジ径でM6（6㎜）、M8（8㎜）などと表記される。

**①六角ボルト・六角ナット**
ネジ頭が六角形をした、最もポピュラーなボルトやナット。

**②スプリングワッシャー**
通常のワッシャーの一部をカットしてねじれを入れたもの。締め付けたときに反発力が働きボルトの緩みを防止する。

**③ワッシャー**
ボルトやナットにかますことで部材とのなじみをよくするドーナツ状の板。

**④蝶ボルト・蝶ナット**
ネジ頭が蝶のような形をしたボルトやナットで工具を使わずに手で締め付けられる。

# この本で使う基本の塗料

作品の仕上がりは塗装で決まるといっても言い過ぎではありません。
本書ではさまざまな塗料を使って、作品に独特のアンティーク感を醸し出しています。

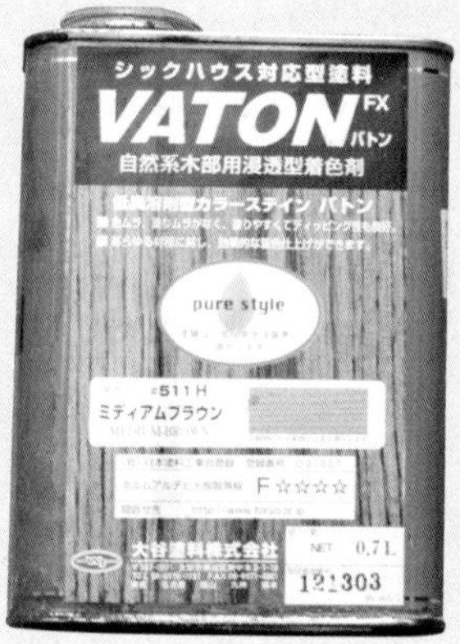


## ステイン

浸透性の塗料で木目を生かした自然な仕上がりになる。ムラが出にくく、初心者でも塗りやすい。木材を保護する効果はない。油性のものはオイルステインという。

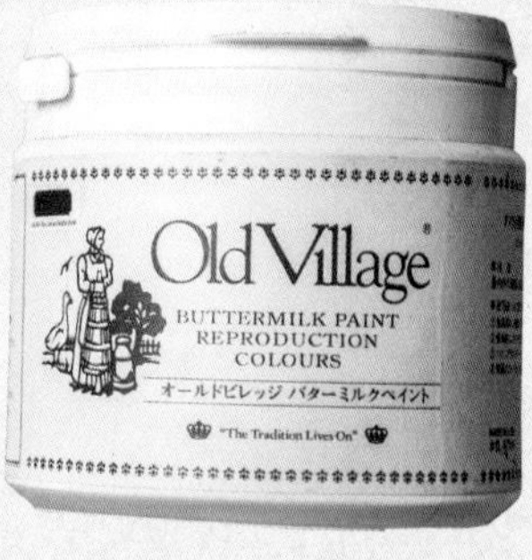


## バターミルクペイント

アンティーク風塗装の定番になっている天然素材でできた水性塗料。塗膜は不透明でマットな仕上がり。

## オイルフィニッシュ

英国のワトコオイルが定番。植物油ベースのオイルで、木材に浸透して保護するため、木目が生きる。

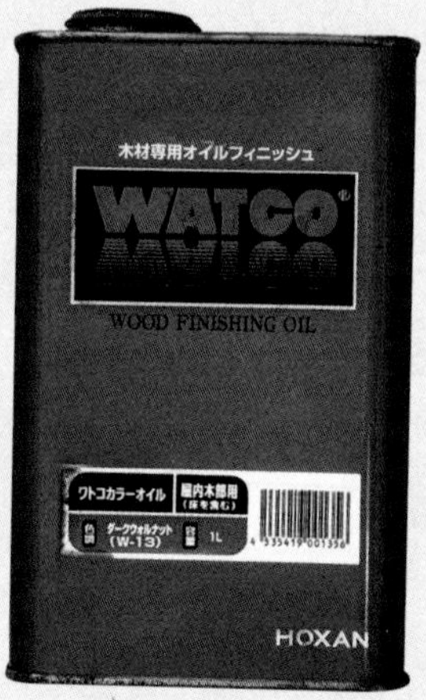

## チョークペイント

英国のアニースローン社が展開する水性塗料。バターミルクペイントに近いマットな仕上がり。

## ワックス

木材に薄い塗膜をつくり、艶出し、撥水、保護効果などがある。家具のメンテナンスにもおすすめ。

## アイアンペイント

塗るだけで木材を金属のような質感に変える水性塗料。乾燥後のざらっとした手触りは金属そのもの。

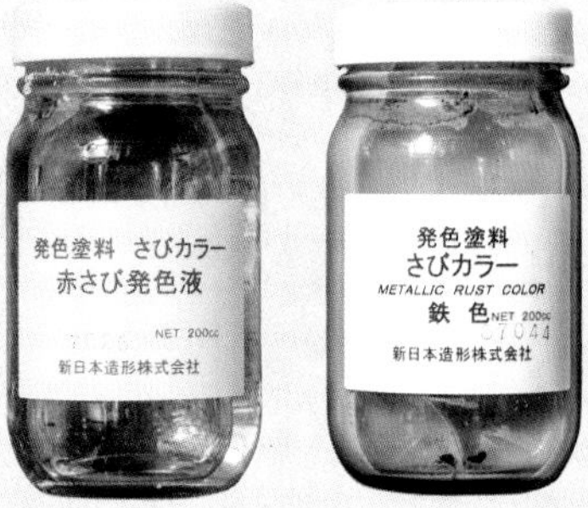


## さびカラー

金属塗料と発色液のセットになっていて、金属塗料に発色液を上塗りすると本物のさびが浮き出る。

## クラック塗料

塗料に上塗りするとひび割れを起こさせる効果がある。アンティーク塗装の表現のひとつとして用いられる。

## ギルディングワックス

重厚感あるメタリック表現ができるワックス。プラスチックなどに金属の風合いを出したいときに使用する。

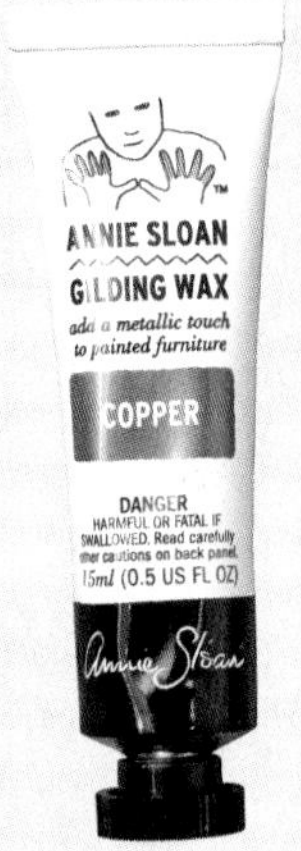

## ジェッソ

もともとは絵画で使用する炭酸カルシウムなどを成分にした不透明な白色の下塗り材。本書ではモルタルの風合いを表現するのに使用。

## サンドマチエール

絵画用の資材でテクスチャを表現するために塗料や下地材に混ぜて使う天然の砂。

## プライマー

塗料の食いつきをよくする下地材。塗料が密着しにくい金属やプラスチックを塗装する際に使用する。

## ペイントうすめ液

油性塗料を希釈して濃度を調整したり、刷毛やトレイを洗浄したりするときに使用する透明の液体。

# DIYの基本テクニック その1

# 木材を測って、カットする

木工の第一歩は材料の寸法を測って、正確に切り出すこと。作品の完成度を左右する最初にして最も大切な作業です。切断工具は危険も伴うので、慎重に正しく使いましょう。

## 寸法を測って線を引く

長い材料はメジャーで、短ければサシガネで寸法を測り、木材に対して直角に線を引く。

### メジャーで測る

木口にメジャーの爪を引っ掛けて、まっすぐテープを伸ばし、必要な長さに鉛筆で印を付ける。

### サシガネを当てる

サシガネの長手を材の側面に浅く当て、妻手の外側を印に合わせる。

### 線を引く

妻手の外側に沿って鉛筆で一気に線を引く。線はなるべく細く。太い線はその分誤差を生む。

## ノコギリで切る

切り始めが大切。線に対してまっすぐ刃を入れること。常に刃を垂直にして切り進める。

### 3面に線を引く

サシガネで木材の上面と両側面に線を引く。ノコギリの刃を常に2面の線に合わせて切る。

### 線に刃を合わせる

カットする線に親指の爪を当て、ノコギリの刃をぴったりと付けてゆっくり切り始める。

### 材料を押さえる

ノコギリの刃が入ったら力を入れて切り進める。材料は脚でしっかりと押さえる。

### ゆっくり切り終える

切り終わりは、材料が割れないようにノコギリの刃を寝かせてゆっくりストロークさせる。

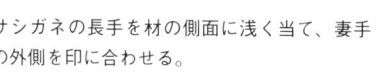

## 丸ノコで切る

まっすぐ、正確な直線を切るには丸ノコガイドが必須。ジグソーで直線を切る場合も同じ。

### 刃の深さを調整する

材料の厚さ+2～3㎜刃が出るように深さを調整する。刃が出過ぎていると抵抗が大きくなり危険。

### ガイドに沿って切り進める

カットする線に丸ノコの刃を合わせ、材料に当てた丸ノコガイドに沿ってゆっくりと切り進める。

### 安全を確認して切り終える

切り終わったら、丸ノコの回転が止まったのを確かめて作業を終える。

## 角度を付けて切る

材料に対して斜めに刃を入れるため、切り始めがずれやすい。木材を当ててガイドにしてもよい。

### 角度を測る

プロトラクターの竿を必要な角度に合わせ、材料の側面にぴったり当てて線を引く。

### ガイドに沿って切る

フリーガイドがあれば、それで角度を測れる。切断するときは角度を調節したガイドに沿って丸ノコを進める。

### 切り終える

ガイドを当てることで、角度が付いていてもまっすぐきれいに切断できる。

### ノコギリで角度切りする

ノコギリで切る場合は、材料の上面と側面に線を引き、その両方に刃が当たっているのを確認しながらゆっくり切り進める。

## ジグソーで曲線を切る

ジグソーは刃が上下運動するので、材料は台に載せて浮かせる。
作業時は材料がバタつかないようにしっかり押さえる。

### 線に刃を当てる

ジグソーの刃を動かしながらゆっくりと材料に当てて切り始める。

### 曲線に沿って進める

きついカーブはゆっくりと刃を進め、線からずれそうになったら少し戻して進行方向を調整する。

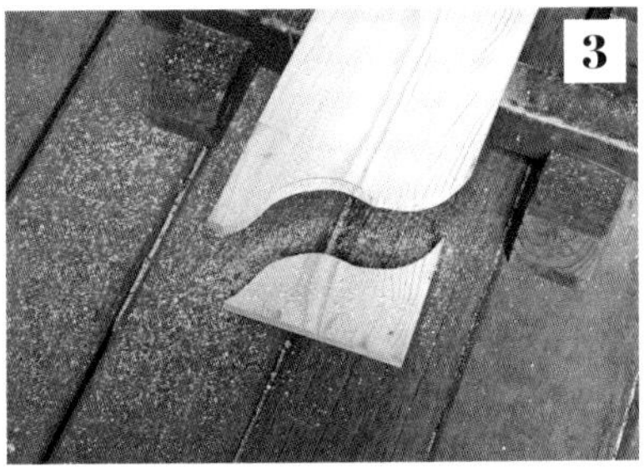


### 切り終える

切り終えたら断面を確認する。斜めになってしまったら、サンダーで削って整える。

## DIYの基本テクニック その2

# 木材をつなぐ

本格的な家具は材料に凹凸を加工した継手でがっちり組みますが、DIYでは釘やビスが手軽です。
仕上がりの見た目なども考えて用途に合わせた金物で接合しましょう。

### 接着剤でつなぐ

簡単に材料同士を接合できるが、接合力は弱い。釘やビスを打つ前の仮留めとしても有効。

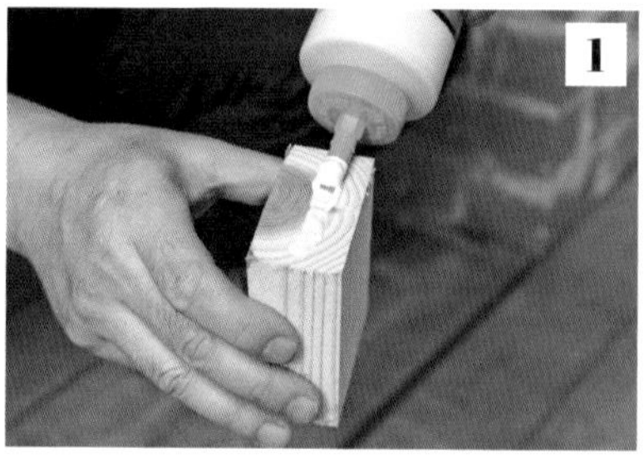

1

**接着剤を塗布する**

接合する面に木工用接着剤を塗る。木口は接着剤を吸収しやすいのでたっぷり塗布する。

2

**塗り広げる**

ヘラや木っ端を使って、接着面全体に塗り広げる。はみ出した接着剤は湿らせたウエスで拭き取る。

3

**ハタガネで固定する**

材料をぴったりと合わせて動かないようにハタガネで圧着する。接着剤が乾いて固定されるまでそのまま置いておく。

### 釘でつなぐ

頭の両側が打撃面になっている両口ゲンノウは一方が平らな打撃面で、もう一方は丸みが付いた木殺し面になっている。仕上げを木殺しで打つと釘がしっかり食い込む。

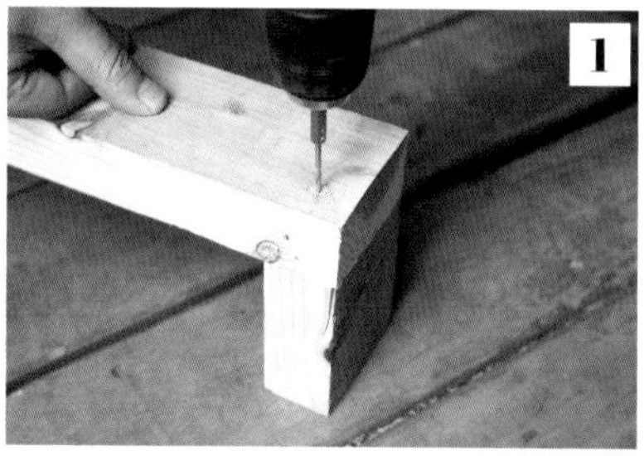

1

**下穴をあける**

接合する材料同士を木工用接着剤で仮留めし、ドライバードリルで下穴をあける。

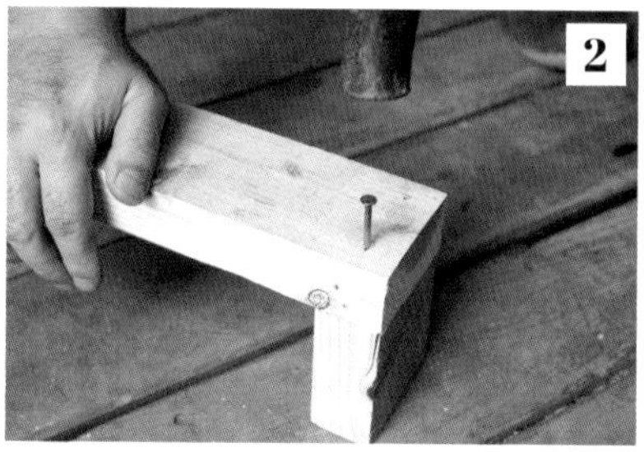

2

**釘を打つ**

下穴に釘を差し、始めは軽めに、釘が垂直に入ったら強く打ち込んでいく。

3

**木殺しで打ち終える**

打ち終わりは木殺し面を使い釘の頭をしっかり材に食い込ませる（左）。右は平らな面で打った状態。

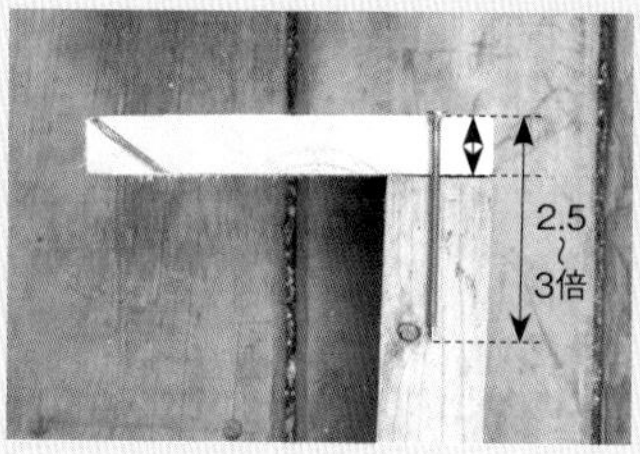


**釘やビスの長さ**

釘やビスは材料に深く入っていないと、十分な接合力が得られない。目安として釘の場合、材厚の2.5~3倍、ビスの場合は材厚＋20〜30㎜。

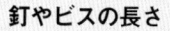

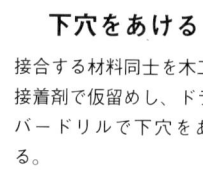

## ビスでつなぐ

ビスは簡単に材料を接合できるだけではなく、失敗した場合に外すのも簡単。極細ビスやミニビスなら下穴は不要。

### 下穴をあけて釘を打つ

材料同士を合わせて下穴をあける。特に薄い板は下穴をあけないと割れやすいので注意。

### ビスを打つ

下穴にビスを差してドライバードリルで最初はゆっくり、ビスが垂直に入ったら一気に締める。

### 頭を食い込ませる

ビスの頭を材料に食い込ませることで、材料同士がぴったりと隙間なく固定される。

## 隠し釘でつなぐ

主にモールディングを取り付けるときに使用する。接合力が弱いので必ず木工用接着剤と併用する。

### 下穴をあけて釘を打つ

下穴をあけて隠し釘を打つ。釘の頭が折れやすいので、垂直を意識して丁寧に打つ。

### 樹脂に頭をめり込ませる

釘の頭が樹脂にほんの少しめり込むくらいで打ち終える。

### 樹脂をさらう

カナヅチで横から樹脂をさらうと、頭が取れて釘を打った跡がほとんど残らない。

## 蝶番でつなぐ

蝶番はいろいろな種類や付け方があるが、最も簡単な平蝶番の付け方。蝶番は最初に扉やふたに取り付け、それから本体に付ける。

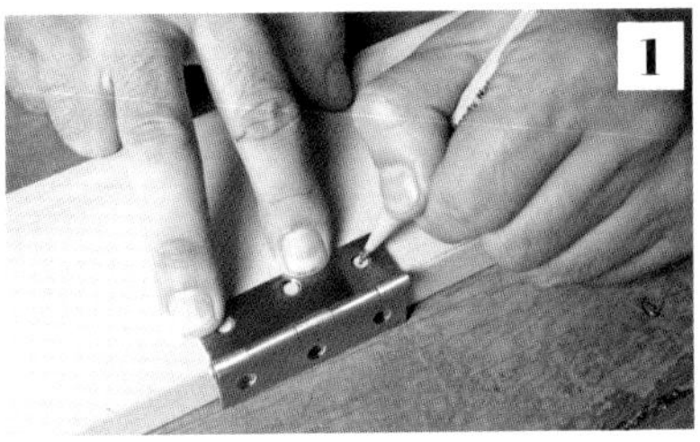


### 印を付ける

蝶番の軸の中心が材料の端にくるように合わせて、ネジを打つ穴に鉛筆で印を付ける。

### 下穴をあける

印を付けた場所にドライバードリルで下穴をあける。

### 蝶番を取り付ける

蝶番のネジは小さく空回りしやすいので、手締めするかドライバードリルのトルクを弱めにして締める。

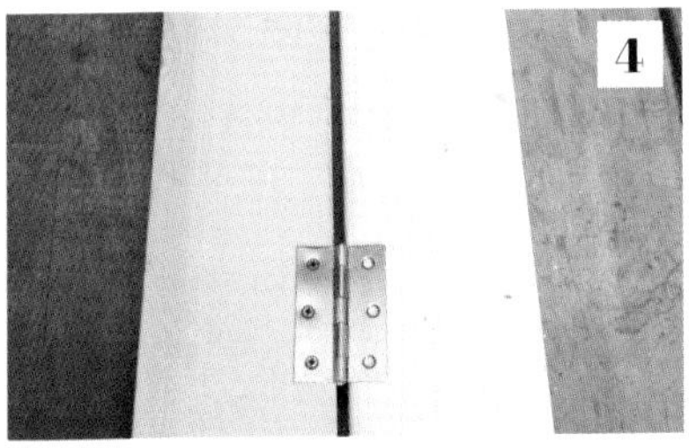


### 本体に合わせる

蝶番を付けた材料と本体は数mmの隙間を開けないと、スムーズに開閉しないので注意。

蝶番を付けた材料を本体にネジで固定する。このときも必ず下穴をあけること。

## DIYの基本テクニック その3

# 穴をあける、削る、溝を掘る

穴あけや溝堀りをマスターすれば加工の幅がグッと広がります。アンティーク加工では仕上げのサンディングも重要。木材の角を落とすと作品の雰囲気が柔らかくなります。

### ドリルで穴をあける

ドリルで穴をあけるときはドライバードリルのダイヤルをドリルモードにセットし、横から垂直を確認しながら掘り進める。

**まっすぐ掘り進める**

ドライバードリルにドリルビットを装着し、材料をしっかり固定してゆっくり掘り進める。

**材料を裏返す**

材料の反対側からドリルの先端が見えたら、一度ドリルを抜いて材料を裏返す。

**裏から貫通させる**

裏返した材料の小さな穴にドリルを当てて貫通させる。

**きれいに穴があく**

表と裏から貫通させることでバリが出にくく、きれいな穴があく。

**捨て板を使って貫通させる**

穴をあける材料の下に捨て板を敷いて、2枚の板を密着させて貫通させる方法もある。

左は何もせずに貫通させたバリのひどい穴。右は捨て板を敷いて貫通させたきれいな穴。

### 削る、研磨する

荒削りには80番程度、仕上げには240番以上のサンドペーパーを使う。
サンドペーパーの目が詰まったらこまめに交換する。

**サンドペーパーで削る**

サンドペーパーは手のひらに納まるくらいの木っ端に巻いて平らな面をつくると使いやすい。

**サンダーで削る**

サンダーの底部にサンドペーパーをセットし、一定の速さで前後に動かしながら削っていく。

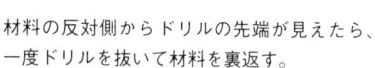

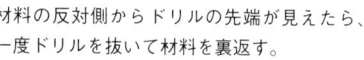

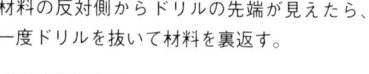

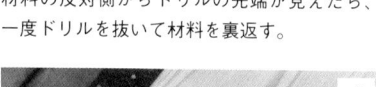

## 丸ノコで溝を掘る

溝を掘るには後述するトリマーがあると便利だが、丸ノコの深さ調節機能を使って掘ることもできる。

### 深さを調節する

丸ノコのベースプレートにサシガネを当てて刃を溝の深さに合わせる。必ず電源コードを外して行う。

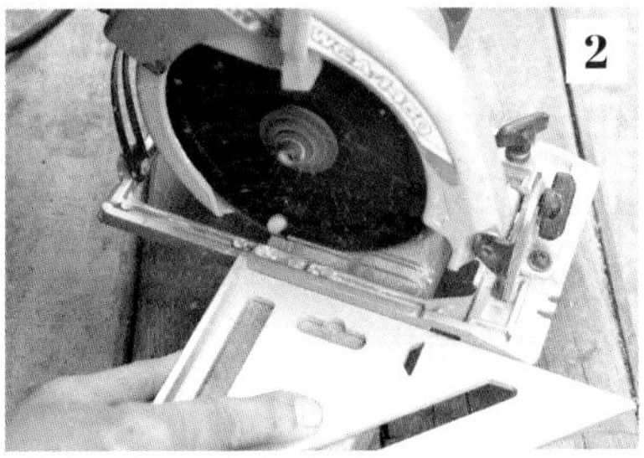


### 丸ノコで溝を刻む

材料に丸ノコガイドを当て、丸ノコで溝の内側を数回刻む。

### 細かく切り込む

何度か丸ノコを走らせるとこのような状態になる。できるだけ細かく切り込みを入れる。

### ノミでさらう

櫛状に残った切り込みのあとをノミで丁寧にさらう。

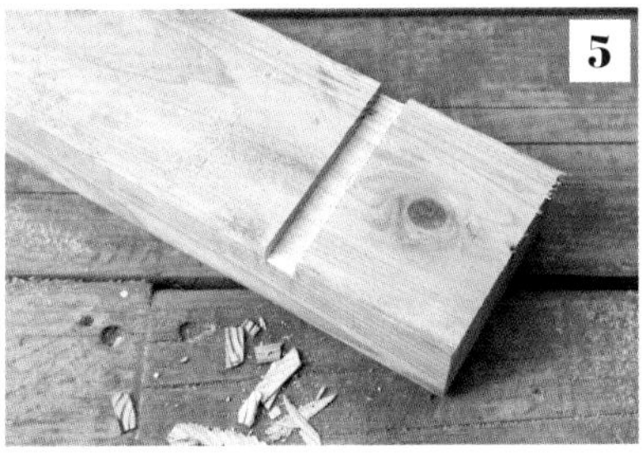


### 溝の完成

溝が完成したら、そこにはめる材を合わせて確認する。キツイ場合は溝を広げる。

## トリマーで溝を掘る

いろいろなビットがあるので、溝の幅や深さに合ったものを使用する。
まっすぐ溝を掘るために丸ノコガイドは必須。

### 深さを調節する

トリマーの電源コードを外し、ベースプレートにサシガネを当てて刃の深さを調整する。

### ガイドを当てて掘る

材料に丸ノコガイドを当て、溝に沿ってトリマーをまっすぐ進める。

### 溝の完成

深い溝や幅が広い溝を刻む場合は、2〜3回に分けて掘る。1回に掘れる深さは3〜5mmが目安。

# DIYの基本テクニック その4

# 塗装する

多少アバウトなつくりでも、それを素敵な作品に変えてくれるのが塗装です。
本書では塗膜をつくる水性塗料と浸透性のステインを主に使用していますが、それぞれ適した塗り方があります。

## 水性塗料を塗る

ハケを一定の方向に動かしながら2～3回重ね塗りすることでムラがなくなり、しっかりと色が載る。

### 横方向に塗る

ハケに塗料を含ませて、まずは横方向に塗っていく。この段階ではムラが出ても気にしなくてよい。

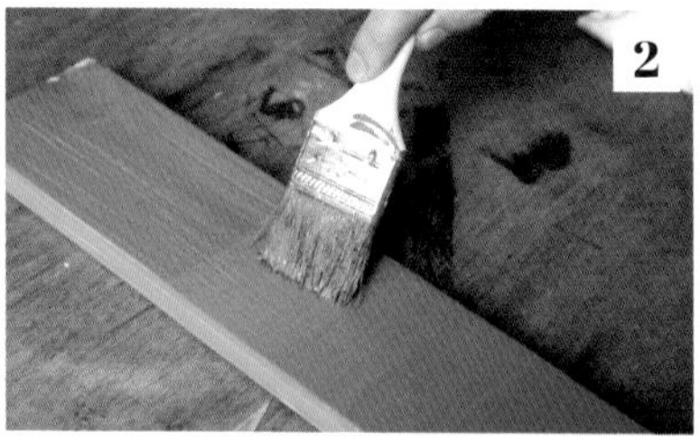


### 縦方向に塗る

横方向に塗った塗料を乾かし、次は縦方向に塗る。二度塗りするとムラはほとんどなくなる。

### 乾燥させて完成

塗装が乾いたら完成。さらにムラをなくしたい場合はもう一度横塗りするとよい。

## ステインを塗る

浸透性の塗料なのでもともとの木の色によって仕上がりの色味も変わってくる。
塗るだけでアンティークの雰囲気が出る。

### ハケで塗る

ハケにステインを含ませ、木目に沿って薄く広げながら均一に塗っていく。

### 布で拭き取る

全体を塗り終わったらウエスで余分な塗料を木材になじませるように拭き取る。

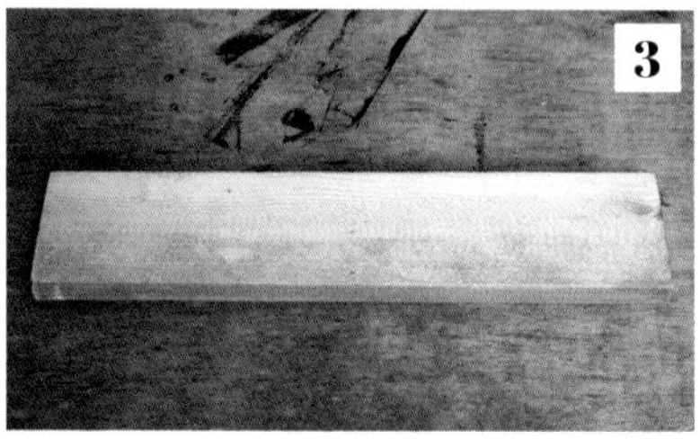


### 乾燥させて完成

余分な塗料を拭き取ると木目が浮き出て強調される。色が薄い場合は重ね塗りするとよい。

## ワックスを塗る

木目を生かした仕上げで艶が出る。定期的に塗り重ねることで木材を保護し、
風合いもよくなっていく。

### 円を描くように塗る

ウエスにワックスを取り、円を描くように動かしながら木材の表面に刷り込んでいく。

# DIY用語辞典

本書に出てくる
DIYに関する用語を解説

## 【あ行】

**ウエスタンレッドシダー**【うえすたんれっどしだー】
北米太平洋岸に分布する樹木で、針葉樹の中で最も優れた耐久性を持つ。

**SPF**【えすぴーえふ】
主にカナダの太平洋岸を原産とする木材の一種でスプルース（Spruce、ベイトウヒ）、パイン（Pine、マツ類）、ファー（Fir、モミ類）の混合材。見た目や性質が似ているため、まとめて製材され、そのいずれかの材が使われている。

## 【か行】

**ガラスカッター**【がらすかったー】
ガラスの表面に傷を付ける道具で、その傷に沿って力を掛けるとガラスが割れる。

**ガラスニッパー**【がらすにっぱー】
ガラスカッターで入れた切り込みを挟んで割るための道具。

**ガラスルーター**【がらするーたー】
作業台に付いたビットを回転させてガラスを削る電動工具。

**仮留め**【かりどめ】
木材同士を釘やビスでつなぐ前に木工用接着剤などで一時的に固定しておくこと。

**木殺し**【きごろし】
木材の角などを叩いて圧縮させること。

**木取り図**【きどりず】
1枚の板から、必要な材料を切り出すための図面。

**桐**【きり】
樹種の一種。日本で取れる木材としては最も軽く、割れや狂いが少ない。昔から箪笥をはじめとした高級家具に使われてきた。

**現物合わせ**【げんぶつあわせ】
材料同士をその場で合わせて寸法を取ったり、修正したりすること。

**木口**【こぐち】
木材を横に切ったときの切断面。

**コッパーフォイル**【こっぱーふぉいる】
銅製の粘着シート。ステンドグラスをつくるときにガラスをはんだで付けるための下地に使う。

## 【さ行】

**皿木ネジ**【さらもくねじ】
木ネジは、木材を締結するためのネジで、頭部が木材に食い込むように円錐形をしているものを皿頭という。ビスの一種だが、通常のビス（コースレッド）は先端に錐状の刃が付いているため、下穴をあけなくても打ち込めるのに対し、木ネジは刃が付いていないので下穴が必要。

**桟**【さん】
材料を補強したり、固定したりするための横木。

**下穴**【したあな】
釘やビスを打つときに板が割れないようにあらかじめあけておく穴。

**シナベニヤ**【しなべにや】
シナノキを材料としたベニヤのこと。

**捨て板**【すていた】
ドリルで木材に穴をあけるときにバリを防ぐため敷く板のこと。

**ステンシル**【すてんしる】
文字や模様を切り抜いた型紙にインクを刷り込んでプリントするデザイン技法。

**寸切りボルト**【すんぎりぼると】
頭部のない長いネジのこと。285㎜や1000㎜が一般的な規格。

## 【た行】

**チーク**【ちーく】
タイやインドネシアなどの南洋で生育する落葉性高木で最高級木材のひとつ。

**ツーバイ材**【つーばいざい】
建築工法のひとつである2×4工法に使われる規格材のこと。

**トラスタッピングビス**【とらすたっぴんぐびす】
雌ネジがなくても木材や金属に打ち込める先端がとがったネジをタッピングビスといい、そのうち頭部がかさ状になっているものをトラスという。打ち込みには下穴が必要。

## 【な行】

**貫**【ぬき】
柱や脚などの垂直材の間に渡す水平材のこと。

## 【は行】

**端材**【はざい】
木材を切り出したあとに残る切れ端のこと。

**パターンハサミ**【ぱたーんはさみ】
ステンドグラスの製作で、型紙を切り出すために使う2枚刃のはさみ。ガラスをつなぐはんだ部分の線を切り抜ける。

**パティーナ**【ぱてぃーな】
ステンドグラスの製作で、ガラスをつなぐはんだに色付けする資材。

**バリ**【ばり】
木材を切ったり、穴をあけたりするときに出るささくれのこと。

**はんだ**【はんだ】
鉛と錫を原料とした合金で、溶融させて電子回路の接合などに使われる。本書ではステンドグラスの接合に使用。はんだを溶かす工具をはんだごてといい、はんだで接合することをはんだ付けという。

**ヒートン**【ひーとん】
「?」の上部の円が閉じた形をしている吊り下げ金具。

**袋ナット**【ふくろなっと】
六角ナットの片面がドーム状に閉じたナット。締め付けたあとにボルトの先端が露出しない。

**フラックス**【ふらっくす】
ステンドグラスの製作で、はんだのなじみをよくするための促進剤。

**ペインティングナイフ**【ぺいんてぃんぐないふ】
主に油絵で用いる細いコテ状の描画材。

**ホオ**【ほお】
日本や中国に分布する落葉広葉樹。軽軟で加工が容易。ホオノキともいう。

## 【ま行】

**幕板**【まくいた】
机の甲板やイスの座板の下に幕のように渡す横板。

**マスキングテープ**【ますきんぐてーぷ】
塗装などをするときに、塗料を付けたくない場所を保護するために張る粘着テープ。

**無垢材**【むくざい】
丸太から切り出して製材しただけの天然の木材。

**面取り**【めんとり】
木材の角をけずること。

**木目**【もくめ】
木材の表面の模様のこと。

## 【ら行】

**ラジオペンチ**【らじおぺんち】
ものをつかんだり、切ったりするペンチの一種で、特に小さな部品をつかみやすいように先端が細くなったもの。

**ランニングプライヤー**【らんにんぐぷらいやー】
ガラスカッターで傷を付けたガラスを割るための道具。先端の突起により、傷に沿って正確にガラスを割れる。

**両口げんのう**【りょうくちげんのう】
叩く面が二つあるカナヅチのこと。片方の面は平らでもう一方はゆるいカーブがついた木殺し面になっている。

# おわりに

『ログハウスマガジン』から愛読してくださったみなさまお待たせいたしました。

　この本で初めて丸林さんちを知ってくださった方も、手に取っていただきありがとうございます。本書を通して、みなさんがひとつでもお気に入りの家具をつくってくれたら、これほどうれしいことはありません。

　この本で紹介しているほとんどの家具は、『ログハウスマガジン』で連載していたものです。

　ちょうど1年ほど前にその記事を一冊の本にまとめようと版元の地球丸が動いていたときでした。

　なんと突然の倒産。

　雑誌は休刊となり、当然書籍の話も無くなりました。ずっと一緒に取材をしてきたスタッフは解散し、積み上げてきた記事はお蔵入りになってしまいました。

　ところが、それから季節を一回りした春。当時、ライターとして取材を担当していた和田さんから連絡が！

　ブティック社さんとログハウスマガジンの連載を書籍にするために動いてくれたのです。

　そんな奇跡が起きて、あのときのスタッフが再集結。この本を一緒につくることができました。

　本が出版できることも本当にうれしかったし、再び、ライターの和田さんやカメラマンの山本さんと一緒に仕事ができたことも喜びです。ブティック社さんには感謝の気持ちでいっぱいです。

　本書の製作に関わってくださったみなさま、そしてこの本を手に取ってくださったみなさまに改めてお礼申し上げます。

　どうもありがとうございました。

　これからも丸林さんちは変わることなく、つくる生活を続けていきます。

また、どこかでお会いできますように……。

丸林佐和子

早いもので家づくりを始めてから19年の歳月が流れました。

　木工以外にも小屋づくりや庭づくりなど、DIYの経験もそれなりに積んできましたが、今、改めて「つくる暮らしは楽しい」と思っています。

　やりたいことが次々に浮かんできて、構想を描き、夢中でつくる……。退屈とは無縁の時間を過ごしてきました。

　木の家具や無垢の床は経年変化し、漆喰の壁も小傷が重なって味わいが増し、手づくりのわが家は住むほどに居心地がよくなっていきます。家づくりを始めた頃に思い描いていた「古くなってこその価値」に、やっと近づいてきたなと満足しています。

　時代の変化や社会情勢で生活スタイルが見直される時期に来ています。仕事の形も変わってきて、これまで私は片道2時間かけて埼玉から都内に通勤していたのですが、最近は自宅でのテレワークも増えました。家にいるとその空間がより快適であることを求めるようになり、庭木の剪定やたまっていたガラクタの処分、住まいの補修など、どんどんやりたいことが出てきます。

　この本を手に取ってくださった方もまた、時代に合わせて何か暮らしを変えるきっかけを探しているのかもしれませんね。

　日々の忙しさから少し解放され、「ものをつくる暮らし」に興味を持った方もいるのかなと想像しています。

　「お金をかけずにカフェのようなくつろぎ空間で過ごしたい」そんな需要も今後ますます高まるのではないかと思います。

　本書がそんな「新しい暮らしのヒント」に少しでもなればと願っています。

石川聡（丸林聡）

01

# 丸林さんちの 家具づくりDIYレシピ

2020年10月10日　初版発行

編集人　坂部規明
発行人　志村 悟
印　刷　凸版印刷株式会社
発行所　株式会社ブティック社
Tel. 03-3234-2001
〒102-8620　東京都千代田区平河町1-8-3
https://www.boutique-sha.co.jp
編集部直通　Tel. 03-3234-2071
販売部直通　Tel. 03-3234-2081

PRINTED IN JAPAN　ISBN：978-4-8347-9045-0

著者　丸林さんち（石川 聡、丸林佐和子）
編集・文　和田義弥
デザイン　牧 陽子
写真　山本尚明、丸林佐和子（P.42（カッティングボード、踏み台）、P.60（水槽ケース））
イラスト　長岡伸行
取材協力　杉山 梢、植木竹光、植木純恵



**【SHARE ON SNS!】**

この本に掲載されている作品を作ったら、自由に写真をInstagram、Facebook、TwitterなどSNSにアップしてください！読者の皆様が作ってみた、身につけた、プレゼントしたものなど…楽しいハンドメイドを、みんなでシェアしましょう！
ハッシュタグをつけて、好きなユーザーと繋がりましょう！

**ブティック社公式 facebook　boutique.official**
「ブティック社」で検索してください。いいね！をお願いします。

**ブティック社公式 Instagram　btq_official**
ハッシュタグ　＃ブティック社　#DIY　＃丸林さんち　など

**ブティック社公式 twitter　Boutique_sha**
役立つ新刊情報などを随時ツイート。お気軽にフォローしてください！

本書は、雑誌『ログハウスマガジン』（地球丸）の連載を再構成し、新規作品・内容を加え編集しております。

本選びの参考にホームページをご覧ください
ブティック社　検索
https://www.boutique-sha.co.jp